Ute Patel-Missfeldt

Florale Seidenmalerei

mit Malvorlagen zum Aufbügeln in Originalgröße

D1924529

Augustus Verlag

Die Deutsche Bibliothek – CIP-Einheitsaufnahme

Florale Seidenmalerei: mit Malvorlagen zum Aufbügeln in Originalgröße / Ute Patel-Missfeldt.
– Augsburg: Augustus-Verl., 1994
ISBN 3-8043-0222-X

Das Werk einschließlich aller seiner Teile ist urheberrechtlich geschützt. Jede Verwertung außerhalb des Urhebergesetzes ist ohne Zustimmung des Verlages unzulässig und strafbar. Das gilt insbesondere für Vervielfältigungen, Übersetzungen, Mikroverfilmungen und die Einspeicherung und Verarbeitung in elektronischen Systemen.

Es ist deshalb nicht gestattet, Abbildungen dieses Buches zu scannen, in PCs oder auf CDs zu speichern oder in PCs/Computern zu verändern oder einzeln oder zusammen mit anderen Bildvorlagen zu manipulieren, es sei denn mit schriftlicher Genehmigung des Verlages.

Die im Buch veröffentlichten Ratschläge wurden von Verfasser und Verlag sorgfältig erarbeitet und geprüft. Eine Garantie kann dennoch nicht übernommen werden. Ebenso ist eine Haftung des Verfassers bzw. Verlages und seiner Beauftragten für Personen-, Sach- und Vermögensschäden ausgeschlossen.

Jede gewerbliche Nutzung der Arbeiten und Entwürfe ist nur mit Genehmigung von Verfasser und Verlag gestattet.

Bei der Anwendung im Unterricht und in Kursen ist auf dieses Buch hinzuweisen.

Fotografie: Dr. V. J. Patel

Text-Redaktion: Eva-Maria Müller, Augsburg

Umschlaggestaltung: Christa Manner, München, nach einem Entwurf von Ute Patel-Missfeldt

Satz: Gesetzt aus der Usherwood 10 Punkt von Walter Werbegrafik, Gundelfingen

Reproduktion: Color-Line, I-Verona

Layout: Anton Walter, Gundelfingen

AUGUSTUS VERLAG AUGSBURG 1995
© Weltbild Verlag GmbH, Augsburg
Druck und Bindung: Appl, Wemding
ISBN 3-8043-0222-X
Printed in Germany

UTE PATEL-MISSFELDT, geboren am 31.12.1940 um 23.55 Uhr in Bremerhaven. Verheiratet mit einem indischen Urologen, der zugleich Künstler und Philosoph ist. 1957 - 1960 graphische Ausbildung in Bremerhaven. 1972 - 1977 Fachlehrerin am Gymnasium Langen, Lehrfach Kunst. Lehrauftrag der Universität Bhavnagar/Indien, Lehrfächer: Malen und Zeichnen, verschiedene Techniken, Aquarell, Pastell, Seidenmalerei, kunstgewerbliche Papierarbeiten. Kostümbildnerin. Rundfunk- und Fernsehaufnahmen in Deutschland und Österreich. Ausstellungen in aller Welt, u. a. 1993 in Berlin und New York. Seit 1986 Ausstellungen und Kurse auf dem Kreuzfahrtschiff »MS Europa«.

Inhalt

Vorwort

Als mein Verlag mich fragte, was ich von einem Buch »Florale Seidenmalerei« hielte und ob man soviel dazu malen und schreiben könne, daß ein Buch daraus entstehen könne, sagte ich sofort ja. Gerade für die Seidenmalerei sind doch florale Motive das Thema schlechthin. Was wirkt schöner auf Seide als Blumen?

Ein wenig gemogelt habe ich in diesem Buch dann doch: Ab und zu habe ich Obst dazugenommen, das streng genommen nicht zur Flora gehört. Aber ob das wohl jemanden stört?

Florale Motive sind in allen Epochen der Kunst – von der Baukunst bis zur Buchdruckerkunst – als Zierde und Dekor verwendet worden. Porzellan und Glas, Schmuck und Textilien waren bevorzugte Bereiche, in denen Blumenornamentik und Blumenmotive im Rahmen des Kunsthandwerks »zur Blüte« gelangten.

Was da an Phantasie entwickelt wurde, ist unbeschreiblich. Vor allem in der Jugendstilzeit waren Blumen in Verschlingungen, Windungen, als Rahmen, Hintergründe, in Holz, Metall, auf Plakaten nicht mehr wegzudenken.

Ganze Häuser waren davon überwuchert, Räume drohten zuzuwachsen – manchmal war das für heutigen Geschmack schon fast zuviel. Bis der nüchterne Art deco-Stil dieser Üppigkeit ein Ende bereitete.

Wenn man einmal beginnt, sich mit Blumenmalerei zu beschäftigen, wird man von dieser Welt nicht mehr losgelassen. Kommt dann noch die Liebe zu Pflanzen und Gärten überhaupt dazu, fehlt zur Krönung nur noch die Seide.

Lassen Sie sich von diesem Buch verführen und beginnen Sie vielleicht damit, die Blumen zu malen, die gerade auf Ihrer Fensterbank blühen. Auf Ihrer Seide werden sie unendlich weiterblühen und Ihnen stets Freude bereiten.

Schleicher & Schuell

Hahnemühle Aquarell-Malpapier
naturweiß

● 150 g/m^2
Oberfläche rauh

Blocks

Ref. No. 628 008	14,8 x 21	cm	10 Blatt
628 009	21 x 29,7	cm	10 Blatt
628 010	21 x 29,7	cm	20 Blatt
628 011	29,7 x 42	cm	10 Blatt
628 012	42 x 59,4	cm	10 Blatt

Bogen

Ref. No. 627 003 · 43 x 61 cm

Handwerklich-technische Hinweise

Material und Werkzeug

Farben

Ich arbeite grundsätzlich mit den traditionellen Seidenmalfarben, die mit Alkohol oder Wasser verdünnt und im Schnellkochtopf oder Fixiergerät nach dem Malen dampffixiert und damit haltbar und waschbeständig gemacht werden.

Natürlich können Sie auch mit Bügelfarben arbeiten: Das sind Farben, die durch Überbügeln mit dem Bügeleisen haltbar gemacht werden. Diese haben aber aus meiner Sicht gravierende Nachteile: Sie sind nicht so brillant wie dampffixierbare Farben und lassen sich nicht eintrocknen. Damit sind auch eine schöne Schattierung oder feine Linien ausgeschlossen.

Für den Anfang genügt ein Grundsortiment in den Farbtönen Rot, Blau, Gelb, Schwarz, Türkis und Lila. Daraus lassen sich alle Zwischentöne mischen. Mit den Produkten der Firmen Avantgarde, Awiseta, Dupont, Schjernings und Seidicolor habe ich sehr gute Erfahrungen gemacht; selbstverständlich kann aber auch jede andere dampffixierbare Farbe verwendet werden.

Konturenfarben

Für Malereien nach meiner Technik brauchen Sie auch eine gute, wasserlösliche Konturenfarbe. Ich bevorzuge persönlich farbige Konturenmittel, denen ich bei Bedarf Bronzepulver in Hellgold oder Dunkelgold, Kupfer oder Silber beimische. Die Produkte der Marke Javana plus Kreul Bronzepulver eignen sich für diese Mischung besonders. Es gibt aber auch ein fertiges, sofort zu gebrauchendes Gold (Waco sun color), das sehr schön in einem Konturenmaler fließt. Für farbige Konturen in allen Tönen eignet sich besonders Seidicolor-Konturenfarbe.

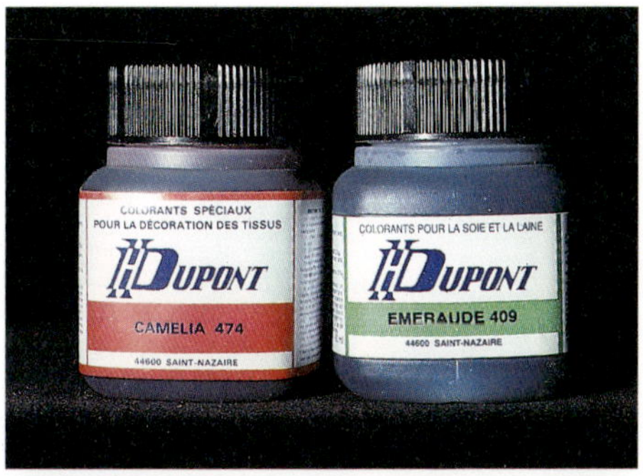

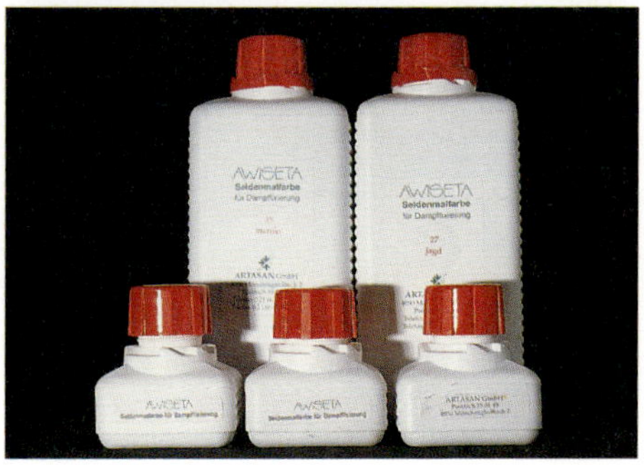

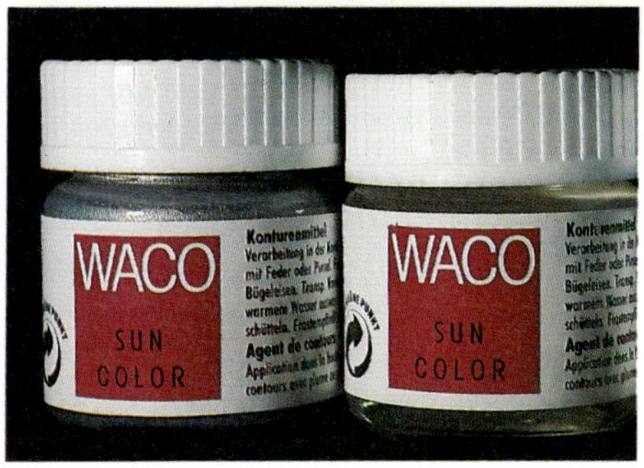

Konturenmaler

Zarte Konturen, die gleichmäßig und haltbar sind, gelingen am besten mit einem extra für diese Zwecke entwickelten Konturenmaler, der im Fachhandel erhältlich ist. Sie können aber auch den feinsten Jaxhairpinsel Nr. 0/2 dafür verwenden.

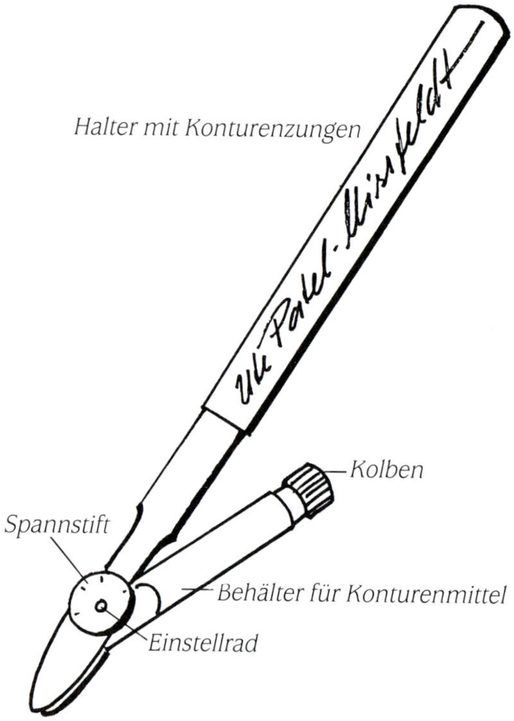

Pinsel

Besorgen Sie sich spezielle, rund gebundene Seidenmalpinsel und hochwertige (Aquarell-)Pinsel mit feiner Spitze. Gute Erfahrungen habe ich mit Jaxhair-Pinseln gemacht. Rotmarder-Pinsel sind zu weich, und Kunsthaar-Pinsel fransen entweder leicht aus oder die Spitze verbiegt sich. Der Jaxhair-Pinsel dagegen behält seine Form über Jahre hinweg.

Ein Grundsortiment an Pinseln besteht aus den Größen 0/2, 2, 5, 8, 14 und 30. Außerdem benötigen Sie einen kleinen, alten Pinsel zum Anrühren der Konturenfarbe.

Was Sie sonst noch brauchen:

- einen Zeichenblock oder nur Papier sowie einen Bleistift der Stärke HB oder B zum Anfertigen und Übertragen der Vorlage auf die Seide,
- wenn Sie in der von mir bevorzugten Maltechnik arbeiten wollen eine quadratische Glasplatte von 70 – 95 cm Seitenlänge oder einen stufenlos verstellbaren Spannrahmen zum Aufkleben bzw. Aufziehen der Seide
- Klebeband Tesakrepp Nr. 4304 oder 4318
- viereckige, plastikbeschichtete Pappteller zum Mischen der Farben
- 50 – 70%igen (Isopropanol-) Alkohol aus der Apotheke zum Anlösen, Mischen und Verdünnen der Farbe
- mehrere Wasserbecher, ein kleines Gefäß für den Alkohol (Metallhülsen von Teelichtern, Marmeladengläschen

mit Schraubdeckeln u.ä.), ein Gefäß für die Goldfarbe (Sahnetöpfchen o.ä.)
- evtl. Seidenreste/Papier zum Ausprobieren der Farben
- Papiertaschentücher zum Aufnehmen überschüssiger Farbe

Besondere Seidenqualitäten

Seiden werden auf unterschiedlichste Art gewebt und in großer Auswahl angeboten. Jede dieser Seidenqualitäten eröffnet eigene kreative Möglichkeiten für das Malen und führt zu anderen Ergebnissen. Für den Anfang sollte man vielleicht zu preiswerten Qualitäten greifen, beispielsweise Pongé-Seide Nr. 6-8 oder Crêpe de Chine 08. Mit folgendem kurzen Überblick möchte ich Sie aber auch ermutigen, einmal von den gebräuchlichsten Seiden wegzugehen und besondere Qualitäten für das Malen auf Seide zu entdecken.

Pongé

Eignet sich ideal für Tücher und Bilder, insbesondere mit Konturen. Aus diesem Material können Sie bis auf Möbelbezüge alles herstellen. Sehr gut geeignet auch für Applikationen.

Crêpe de Chine 14

Eine etwas schwerere Seide von weicher und fließender Qualität. Besonders geeignet für Raumtextilien (Stores, Kissenbezüge) und Kleidungsstücke (Shawls, Blusen, Hemden). Ansonsten aber sehr vielseitig verwendbar. Sieht insbesondere in Aquarelltechnik bemalt sehr attraktiv aus.

Twill

Diese Seide ist nicht zu Unrecht sehr beliebt.

Sie eignet sich für fast alle Dinge, ob Kleidung oder Dekoration im Wohnbereich.

Satin

Wenn Sie leuchtende Farben lieben, genau das Richtige. Wunderbar zu bemalen, zu tragen und zu pflegen. Eine weiche, sehr glänzende Seide, geeignet für Kleidung und Dekoration.

Malerei auf Seidentaft Jacquard: Mit Farbe lediglich die vorgegebenen Webmuster dezent kolorieren – das ist alles.

Crêpe Satin

Eine Seide in Naturweiß mit einer blanken und einer matten Seite. Gut zu verarbeiten. Eignet sich für Kleidung, Bettdecken und wattiert auch für Kissen, Stores, Bilder.

Seidentaft

Indischer Seidentaft ist eine ganz weiße, ein wenig steife Seide. Eignet sich gut für Kissen, Jacken, Schleifen u.v.m.

Doupion, gesteppt

Diese bereits gesteppte und wattierte Doupionseide ist sehr interessant für Farbexperimente und vielseitig zu gebrauchen. Sie läßt sich gut auf die Glasplatte spannen, und das Fixieren macht der Wattierung nichts aus. Man kann jeweils einzelne Felder bemalen oder auch große Flächen anlegen. Hervorragend geeignet für Jacken, Mäntel, Kostüme und Decken.

Jacquard-Seide

Diese Seide ist etwas kostspielig, aber konkurrenzlos schön. Sie ist bereits in sich gemustert und wirkt dadurch so edel, daß Jacquard auch ohne Bemalung zu einem Erlebnis für den Betrachter wird. Eine besondere Möglichkeit liegt darin, die vorgegebenen, meist floralen Muster nur noch zu kolorieren: fertig. Besonders wirkungsvoll für Kleidung (Krawatten, Fliegen, Tücher) sowie Kissen, Gardinen oder Bettdecken.

Rips-Seide

Aufgrund ihrer Struktur ist Rips-Seide nicht ganz einfach zu bemalen. Aber Sie werden für Ihre Mühe belohnt werden! Auf jeden Fall das Konturenmittel etwas dünner anrühren, damit es zwischen den Rippen die Lücken ausfüllt.

Bourette-Seide

Eine interessante Seide ohne Glanz und mit rauher Oberfläche. Aber sie entfaltet einen eigenwilligen, etwas rustikalen Charakter. Schwer zu bemalen, aber sehr schön für Kleidung zu verarbeiten und gut zu tragen.

Seidenproben:
All diese Farbstreifen bestehen aus je einer anderen Seide und sind mit Awiseta-Farben eingefärbt im Originalton und stark verdünnt. Die Goldkontur soll die Haltbarkeit der jeweiligen Seidentypen demonstrieren.

A – Spun Silk Taffeta
B – Twill
C – Rips-Seide
D – Crepe Satin
E – Baumwolle – Seide
F – Fischgrat-Doupion
G – Bourette-Seide
H – Seidentaft
I – Jacquard Seide
J – Etamine de laine
K – Satin
L – Crèpe de Chine
M – Pongé
N – Crèpe Jacquard Cloque
O – Liaoning Pongé
P – Georgette
Q – Fuji Silk

Mein Arbeitsplatz

Ein gut eingerichteter Arbeitsplatz steigert die Freude beim Malen und trägt nicht unwesentlich zum Gelingen der Arbeiten bei. Schön ist es natürlich, wenn man Raum zur Verfügung hat, der nur für Seidenmalerei genutzt und wo alles Material liegenbleiben kann. Wesentlich ist aber der große Tisch. Dazu eine Arbeitsleuchte, wenn das Tageslicht im Raum nicht ausreicht oder Sie abends malen möchten. Ideal ist eine Halogenlampe mit 500 Watt, die am besten neben dem Tisch installiert werden sollte. Bei der Arbeit sollen keine Schatten auf die Malfläche fallen.

Auf dem Arbeitstisch liegt die Glasplatte zum Aufspannen der Seide. Um die Platte herum sollte noch Platz sein für Wasserbecher, einen Behälter für Pinsel und Stifte, Pappteller und alle anderen Utensilien. Außerdem brauchen Sie einen Papierkorb für die benutzten Papiertaschentücher.

Gießen Sie nur jeweils eine Seidenmalfarbe auf einen Pappteller und lassen Sie diese eintrocknen. Gemischt wird auf einem extra Teller.

So wird's gemacht

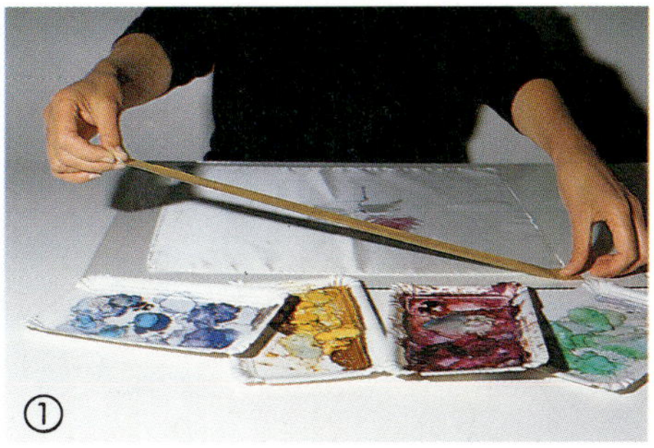

Ein Stückchen Klebebandstreifen an einer Ecke festkleben, halb auf die Seide, halb auf die Glasplatte.

Mit der linken Hand die Seide nach rechts ziehen, mit der rechten Hand die Seide festkleben.

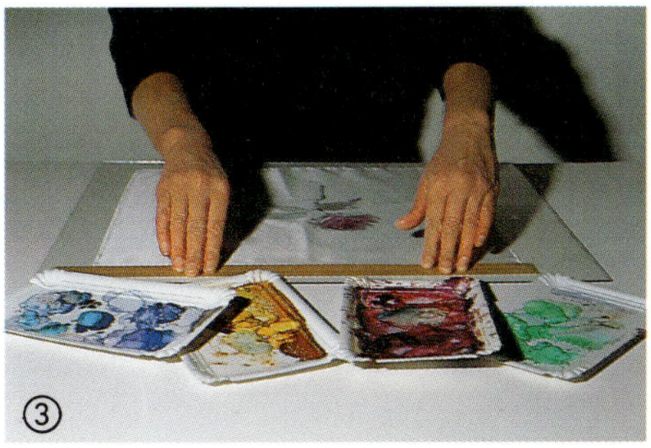

Gut und fest andrücken.

Den gleichen Vorgang unten wiederholen, aber nur den Klebestreifen, der auf der Seide klebt, gut feststreichen.

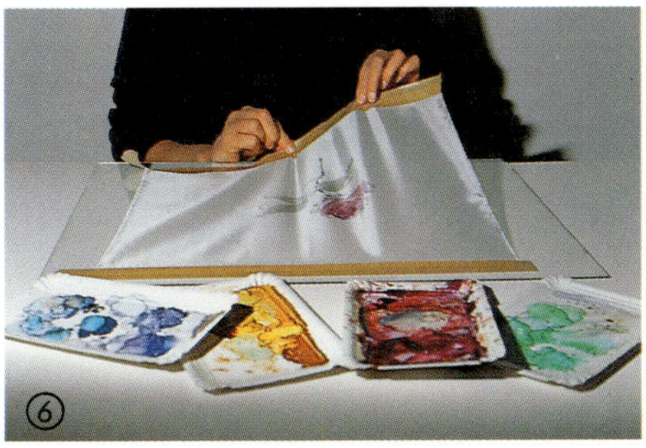

Die Seide wird jetzt wieder hochgenommen und Zentimeter für Zentimeter nach links und rechts heruntergezogen und festgeklebt.

Klebeband auf die Seide und Glasplatte kleben.

Vorgang wie vorher, Seide wieder hochziehen und zur Seite spannen.

Seide aufspannen

Entweder Sie spannen Sie Ihre Seide auf einen Rahmen auf oder Sie verwenden wie ich eine einfache Glasplatte, auf die ich die Seide mit Tesa-Krepp aufklebe. Auf diese Weise können Sie einen vorher auf Papier gezeichneten Entwurf mühelos unter die Seide legen und problemlos im Sitzen arbeiten.

Übertragen von Vorlagen

Vorlagen des beiliegenden Abplättbogens können Sie einfach mit dem Bügeleisen übertragen, das auf die stärkste Hitze (Leinen) eingestellt ist. Sobald die Bügelfarbe erschöpft ist, kann der Bogen als einfache Zeichenvorlage benutzt werden. Schieben Sie Ihre Vorlage unter die Seide, die dann auf allen vier Seiten fest mit der Glasplatte verklebt wird. Übertragen Sie die Vorlage mit Bleistift auf Ihre Seide, entfernen Sie sie anschließend und kleben Sie die Seide wieder an.

Konturen auftragen

Ziehen Sie jetzt die Vorzeichnung mit dem Konturenmaler oder einem feinen Jaxhair-Pinsel und Konturenfarbe nach. Arbeiten Sie langsam und ohne Druck. Nur wenn die Farbe sehr dünn ist, sollten Sie schnell arbeiten. Mit dem Konturenmaler können Sie auch am Lineal entlang Linien ziehen.

So handhaben Sie den Konturenmaler:

1. Das Einfüllen der Farbe: Drehen Sie das Rädchen am Konturenmaler ganz auf, und gießen Sie die Konturenfarbe in den Behälter, der sich am Konturenmaler befindet. Wenn er 3/4 voll ist, kann man am saubersten weiterarbeiten.

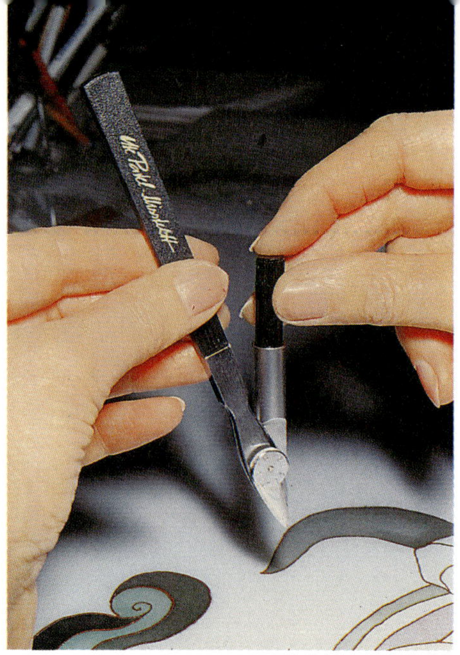

2. Mit dem dazugehörigen Stöpsel drücken Sie ganz sanft die Farbe durch den Fließkanal zwischen die aufgedrehten Metallzungen. Arbeiten Sie sauber, es sollte keine Farbe am Farbbehälter entlang laufen. Legen Sie den Stöpsel ins Wasser, reinigen können Sie ihn später. Auf jeden Fall müssen Sie ihn entfernen, es entsteht sonst ein Vakuum.

6. Hier habe ich schon einmal einen Teil des Motivs mit Seidenmalfarbe ausgemalt. Ganz gleich wie fein die Konturen sind, die Farbe wird angehalten. Selbst wenn Sie Wasser in die Felder setzen, die Kontur hält.

7. Ausgerechnet beim Konturenmalen klingelt das Telefon. Kein Problem! Ich stelle den Konturenmaler in ein kleines Glas, in dem ein feuchtes Papiertaschentuch liegt, damit die Farbe im Konturenmaler nicht eintrocknen kann. Danach evtl. Farbe nachfüllen, die Spitze des Konturenmalers sauber wischen - und weiter geht's.

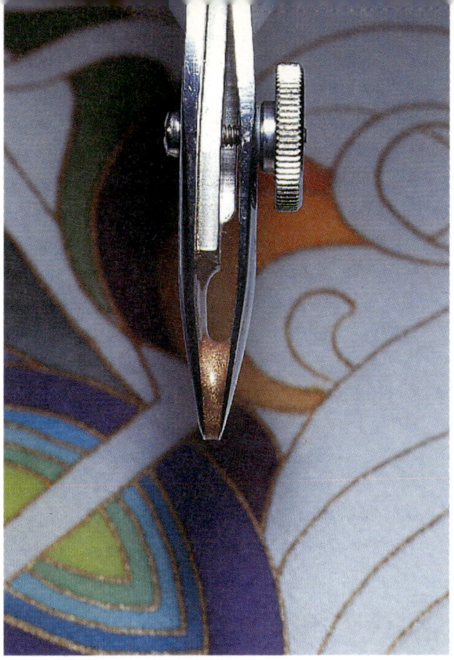

3. So sollte es nun aussehen. Die Farbe ist bis zur Spitze geflossen und läuft jetzt ganz langsam von alleine nach. Drehen Sie jetzt die Metallzungen bis auf einen winzigen Spalt zusammen. Ist der Spalt zu weit geöffnet, malt der Konturenmaler nicht. Probieren Sie auf dem Klebestreifen der schon aufgespannten Seide aus, ob die Farbe nachläuft. Keinen Druck ausüben! Ist die Strichbreite zu zart, das Rädchen ein wenig aufdrehen.

4. Jetzt können Sie mit dem Konturieren beginnen. Arbeiten Sie langsam und ohne Druck. Nur wenn die Farbe sehr dünn ist, müssen Sie schnell arbeiten. Halten Sie den Konturenmaler bitte nicht zu schräg. Die Richtung, in der Sie den Konturenmaler bewegen, ist Ihnen überlassen.
Er malt rückwärts, seitwärts, vorwärts oder schräg auf einer Kante. Ob gerade oder geschwungene Linien - der Konturenmaler malt perfekt und haltbar, vorausgesetzt die Konsistenz der Farbe stimmt.

5. Auch am Lineal entlang können Sie nun Konturen ziehen. Beim Hochnehmen des Lineals müssen Sie aufpassen, daß Sie die noch nasse Kontur nicht verschmieren. Da die Kontur jedoch sehr fein ist, ist die Trocknungszeit recht kurz.

8. Jetzt sind alle Konturen gezogen, und es geht Ihnen wie mir: Ich bin zu faul, das Gerät sofort zu reinigen. In diesem Fall stelle ich den Konturenmaler einfach in ein Glas mit Wasser. Er rostet nicht, es kann ihm also nichts passieren. Nur die Spitze ist etwas empfindlich, stellen Sie ihn also entweder auf ein am Boden des Glases liegendes Papier, oder stellen Sie ihn ganz sanft in das Glas. Die Spitze ist handgeschliffen und darf keine scharfen Kanten bekommen, sonst wird die Seide beschädigt.

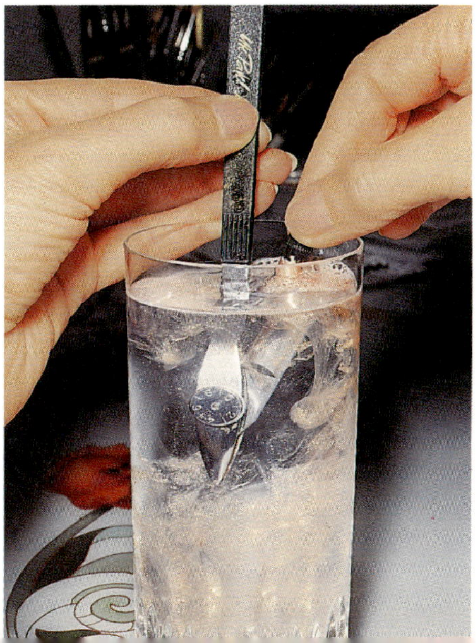

9. Reinigen Sie den Konturenmaler so, wie Sie es auf diesem Bild sehen. Konturenmaler ins Wasser tauchen, das Wasser mit dem Stöpsel durchdrücken. Nun fließt die Farbe mit dem Wasser durch den Kanal. Mehrmals wiederholen, Feder abtrocknen, zur Kontrolle noch einmal durchpusten. Wenn der Fließkanal sauber ist, können Sie jetzt durchschauen. Sollte er einmal verstopft sein, nehmen Sie eine aufgebogene Büroklammer und durchstoßen damit den Fließkanal.

Farbflächen einsetzen

Ist die Kontur getrocknet, beginnen Sie zügig mit dem Ausmalen. Die Farbe darf nicht antrocknen, bevor eine Farbfläche völlig ausgefüllt ist, sonst gibt es beim Weitermalen Ränder.

Die peinlich genau gezogene Kontur verhindert dabei das Ausfließen der Farbe. Sollte dennoch einmal Farbe überlaufen, können Sie sie mit dem Papiertaschentuch aufnehmen.

Verläufe erzielen

Um Verläufe innerhalb einer Farbe herzustellen gibt es mehrere Möglichkeiten: Entweder Sie tauchen den Pinsel in Alkohol, lösen eine große Menge angetrockneter Farbe vom Pappteller auf und setzen die Farbe dort auf die Seide, wo es am dunkelsten sein soll. Dann nehmen Sie, ohne den Pinsel auszuwaschen, nur noch Alkohol ohne Farbe auf. Oder Sie setzen Farbflecken nebeneinander, geben dann mit sauberem Pinsel Wasser darauf und trocknen mit einem Papiertuch ab. Die Farben fließen nun langsam ineinander, und es entstehen weiche Übergänge. Eine dritte Möglichkeit besteht darin, wie bei einem Aquarell, zuerst die hellen und dann die dunkleren Farbflächen aufzutragen. Hierfür ist rasches Arbeiten und etwas Können erforderlich.

Größere Flächen anlegen

Beim Anlegen größerer Farbflächen verwenden Sie einen dicken Pinsel, den Sie mit viel Farbe tränken. Arbeiten Sie zügig, damit die Farbe nicht antrocknet und keine Ränder entstehen. Sollte Ihre Glasplatte zu klein sein und Sie müssen die Seide zum Weitermalen versetzen, ergibt sich am Ende der Platte automatisch ein Rand. Um das zu verhindern, können Sie bereits vorher an dieser Stelle eine Konturenlinie in der entsprechenden Farbe setzen, die einen randlosen Übergang zwischen beiden Flächen schafft.

Goldflächen malen

Zunächst rühren Sie in einem kleinen Gefäß, z.B. einer Teelichthülse, die Goldfarbe an. Etwa 1/4 dieses Gefäßes füllen Sie mit Javana-Konturenfarbe Ihrer Wahl, dazu kommen mehrere Pinsel voll Bronzepulver hellgold oder dunkelgold. Dieses zu einem dicken Brei verrühren und anschließend mit einem alten Pinsel Wasser hinzufügen, bis in etwa die Konsistenz von dickem Honig erreicht ist. Dann malt man mit einem kleinen Pinsel bis höchstens Nr.3 die Goldflächen aus.

Ansetzen von Goldfarbe:
1. In ein kleines Gefäß fülle ich 2 – 3 Tropfen Javana-Konturenfarbe. Danach das Glas wieder gut verschließen.

2. Mit einem alten ausgedienten Pinsel Goldpulver hinzufügen, ca. auch 2 – 3 Pinsel voll.

3. Beides zusammenrühren, bis eine cremige Masse entstanden ist.

4. Jetzt ist wieder mit dem Pinsel Wasser hinzugefügt worden, gut verrühren, und Sie müßten nun eine gut zu malende schöne Goldfarbe haben.

Seidenmalereien fixieren, pflegen und rahmen

Jede Seidenmalerei mit dampffixierbaren Farben muß abschließend fixiert werden, weil dadurch Beschädigungen ausgeschlossen werden und die Farben erst richtig zu leuchten beginnen.

Die bemalte Seide wird auf zwei Lagen weißes Seidenpapier gelegt und glattgestrichen. Vermeiden Sie unbedingt Faltenbildung! Auf die Seidenmalerei erneut zwei Lagen Seidenpapier legen und das Ganze dann vorsichtig zu einer Rolle zusammenrollen. Die bemalte Seide darf dabei nicht aneinanderliegen. Den Schnellkochtopf bis 1 1/2 cm unter das Sieb mit Wasser füllen und die Rolle in den gelochten Einsatz legen. Die Seide darf nicht mit Wasser in Berührung kommen. Dann den Topf schließen und bei offenem oder ent-

Dampffixieren im Topf

Das ist die zweite Seidenmalerei. Zwischen die Seidentücher zwei Bögen Seidenpapier. Darüber wieder zwei Lagen Seidenpapier.

ferntem Ventil schnell erhitzen. Auf diese Weise ca. 1 Stunde kochen lassen. Bei Bedarf Wasser nachfüllen. Erst wenn das Papier abgekühlt ist, die Seidenmalerei auswickeln.

Mit dem Fixiergerät Seide zwischen Papier um eine Papprolle rollen, dann allerdings bis zu 4 Stunden fixieren. Lassen Sie die fixierte Seide ein paar Tage liegen. Dann so lange in kaltem Essigwasser ausspülen, bis die Farben nicht mehr »ausbluten«.

So bemalte und fixierte Seide können Sie reinigen lassen, sollten vorher allerdings anhand eines Probestücks erst einen »Test« durchführen. Nicht bei jeder Reinigung bleibt nämlich z.B. das Gold erhalten. Waschen dagegen ist problemlos.

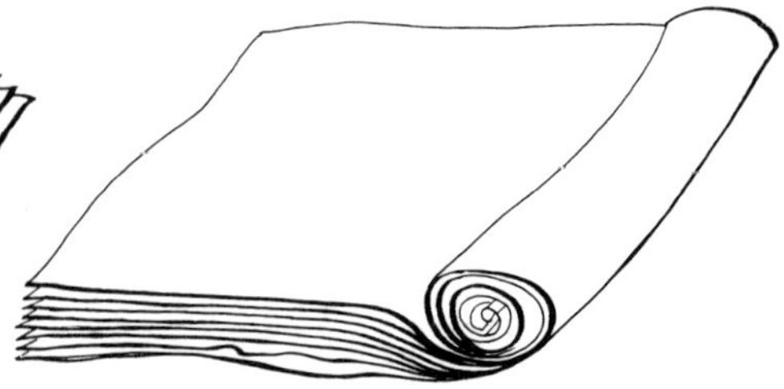

Rollen Sie so eng wie möglich das Päckchen von der schmalen Seite auf.

Nun den gleichen Vorgang, von der anderen Seite wiederholen. So wenig wie möglich knicken, um eine schöne Rolle zu erhalten. Jetzt eine Schicht Zeitungspapier um das Ganze und mit Tesakrepp zukleben.

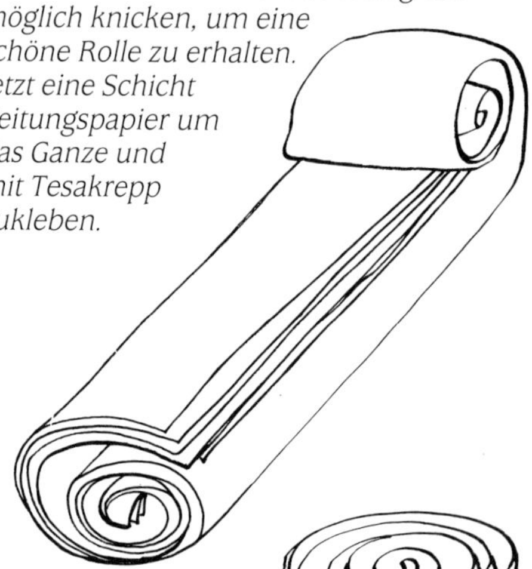

Jetzt müßten Sie eine solche Rolle haben.

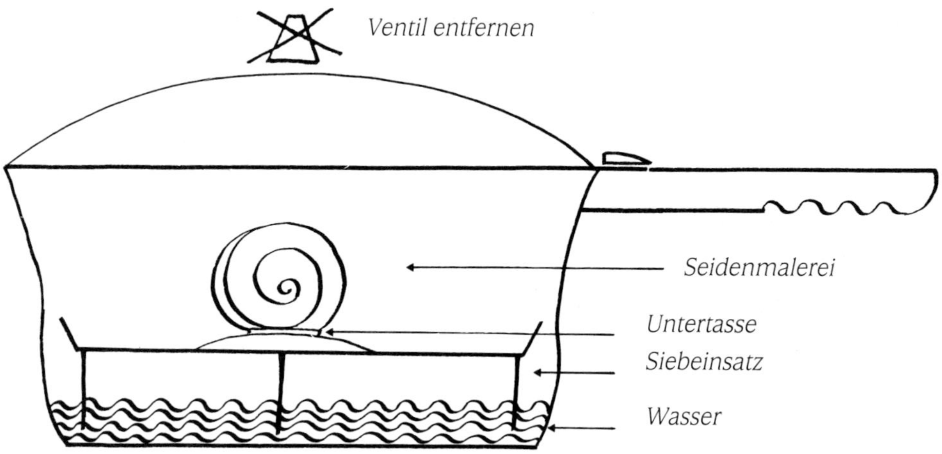

Dampffixiergerät, in dem Sie große Mengen Seide fixieren können. Auf eine längliche Papprolle die bemalte Seide wickeln, wobei Sie die Malerei mit Makulaturpapier schützen, das Sie zwischen die Seidentücher legen.
Dieses Gerät ist in zwei Größen erhältlich, für 90 cm und 140 cm breite Seide. Ich würde Ihnen zum größeren Gerät raten. Vielleicht wollen Sie eines Tages große Seidenstücke bemalen.

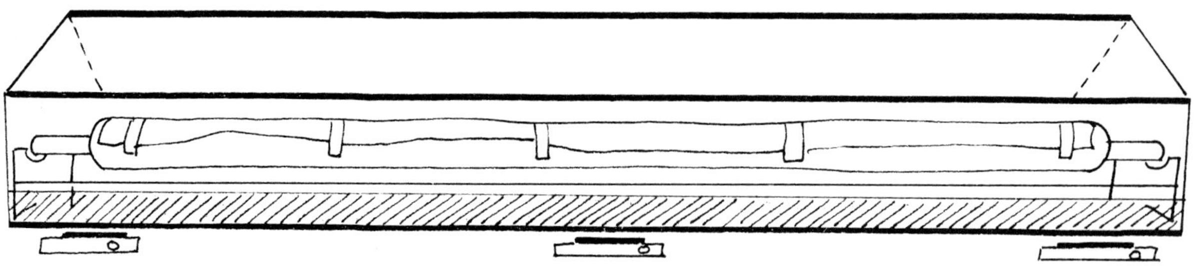

Wollen Sie eine Seidenmalerei als Bild rahmen, kleben Sie sie auf eine dünne Schaumstoffplatte, die mit weißer Pappe kaschiert ist. Spannen Sie das Bild mit Klebestreifen wie auf der Glasplatte auf. Als zusätzliche Sicherung können Sie Seide und Klebestreifen auf der Pappe antackern. Legen Sie das passend zugeschnittene Passepartout darauf und alles in den Rahmen. Wenn Sie kein Passepartout verwenden wollen, spannen Sie die Seide über die Pappe hinweg nach hinten und kleben sie dort fest.

Bespannung bei Bildern ohne Passepartout

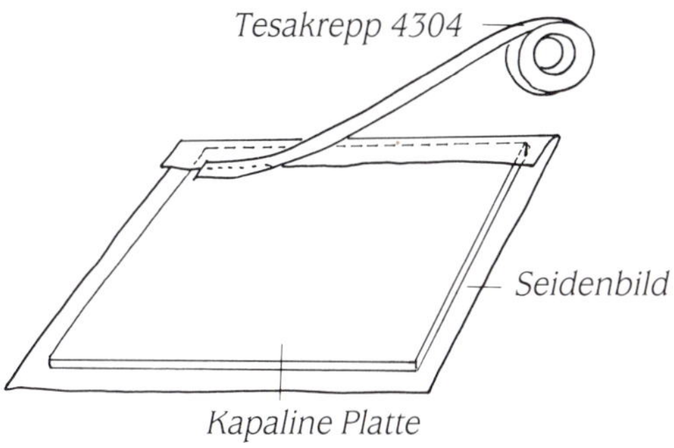

Klebstoff auf das Klebeband und darauf das Passepartout

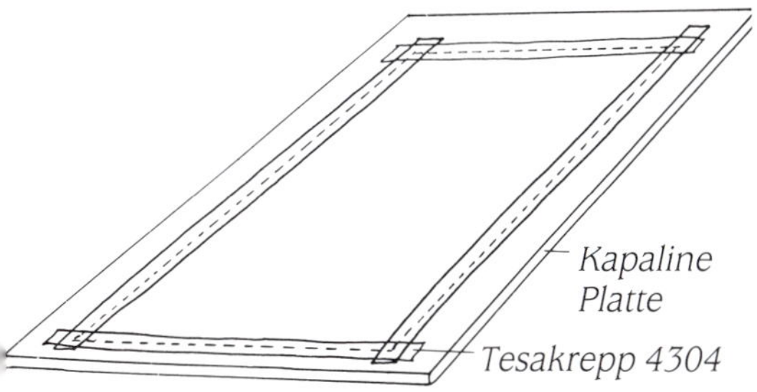

Blumenmalerei – Verschiedene Techniken Schritt für Schritt

Übung 1: Erste Schritte

Anhand dieser einfachen Blume möchte ich Ihnen einmal erste Schritte für die Seidenmalerei bis hin zu Variationen demonstrieren. Nicht nur für Anfänger ist es eine schöne Übung, sondern auch für Fortgeschrittene kann dies vielleicht Anregung und Herausforderung sein, auch ein so simples Objekt so attraktiv wie möglich zu gestalten und immer wieder neue Techniken und Möglichkeiten herauszufinden.

Schritt 1

Sie haben ein eigenes Motiv entworfen und gezeichnet oder nehmen einstweilen meine Blüte. Die Seide an zwei Seiten straff auf die Glasplatte kleben. Den Entwurf unter die Seide legen und abzeichnen. Es empfiehlt sich, hier erst einmal einzelne Elemente zu zeichnen. Die verbindenden Linien oder Stengel können Sie auch später einzeichnen und sind so nicht schon von vornherein an fertige Blumen gebunden. Dadurch kann man freier komponieren.

Ist die Zeichnung auf die Seide übertragen, den Entwurf entfernen und auch die verbleibenden zwei Kanten der Seide mit dem Klebestreifen spannen und festkleben.

Schritt 2

Ist die Seide gut gespannt? Das ist ganz wichtig, denn nur so ist eine saubere, haltbare Kontur zu ziehen. Mit dem Konturenmaler und Waco sun color rotgold oder Javana-Konturenfarbe sehr sorgfältig die Konturen nachziehen. Wenn alles fertig ist, wickeln Sie den Konturenmaler zusammen mit dem Farbtank in ein Papiertuch und stellen ihn senkrecht in ein Glas. So können Sie, falls doch noch am Schluß bei einem Blatt oder einer Blume etwas fehlt, sofort weitermalen ohne neu auffüllen zu müssen. Oder aber Sie können eine eventuell nicht ganz geschlossene Linie noch ausbessern.

Schritt 3

Jetzt wird Seidenmalfarbe in die einzelnen Felder gesetzt und Sie werden sehen: Obwohl die Konturen wirklich sehr fein sind, gibt es keine Stelle, an der die Seidenmalfarbe aus- oder übergelaufen ist. Der Stiel z.B. wird mit einer Mischung aus Outremer (blau) und Gelb zuerst hellgrün gemalt und dann im Blütenansatz mit dunkleren Punkten versehen (siehe Seite 22). Derartiges können Sie versuchen, wenn Sie – wie ich – mit bereits einmal getrockneter Seidenmalfarbe arbeiten. Diese fließt, wie Sie wissen, nicht mehr so schnell und trocknet sofort – neben vielen weiteren Vorteilen. Um einzelne Felder ein wenig zu strukturieren, kann man schließlich mit Alkohol Pünktchen auswaschen.

Schritt 4

Zur weiteren Verzierung der Blume habe ich aus Lampenschirmfolie die Form der Blüte nachgeschnitten, so daß die klebende Seite auf die gemal-

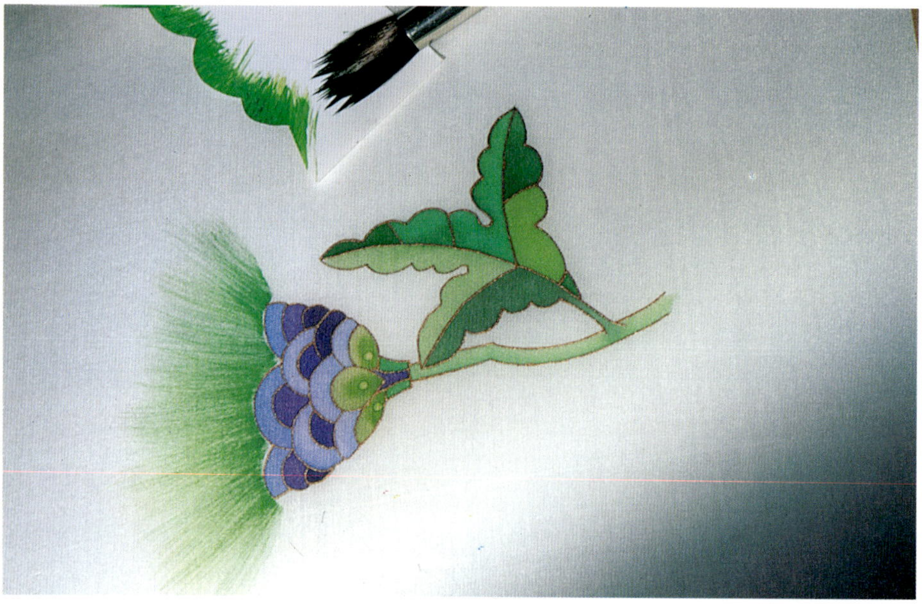

Mit den folgenden drei Bildern stelle ich Ihnen dreimal das gleiche Muster in verschiedenen Farben und jeweils einer anderen Technik vor. Ausführlich sind diese in meinem Buch »Meisterschule Seidenmalerei« (Augustus Verlag) beschrieben.

Stupftechnik

Bei diesen blauen Blumen habe ich wie bei der vorangegangenen Blüte sämtliche Linien konturiert, um dann die eigentliche Blüte mit Lila und Blautönen zu stupfen. Sie können sofort und ohne Zwischenfixierung mehrere Farben übereinanderlegen. Ist der Pinsel fast trocken, entstehen feine Pünktchen, bei mehr Feuchtigkeit werden es kleine Flecken, was auch sehr hübsch aussehen kann.

te Form paßt. Die Seiten etwas länger lassen, damit man bei der Wischtechnik nicht so aufpassen muß. Die Schablone klebt nun also auf dem Blütenkorb. Nehmen Sie jetzt einen Pinsel Nr.16, tauchen Sie die Pinselspitze in Alkohol und stupfen Sie senkrecht damit auf einen Teller mit eingetrockneter Farbe. Noch einmal stupfen Sie jetzt mit dem Pinsel auf ein Papiertaschentuch, um die größte Feuchtigkeit zu entfernen. Dann ziehen Sie leicht und schwungvoll – von der Folie ausgehend – Striche nach außen und rings um den oben angelegten Rand. Wenn Sie jetzt die Schablone entfernen, ist eine federige Blüte entstanden.

Wenn Sie mit sehr trockenem Pinsel malen, können Sie auch mehrere Farben übereinanderlegen, ohne daß sie verlaufen oder ineinanderfließen.

Goldflächen

Mit Gold sieht alles schon viel dekorativer aus, finden Sie nicht auch? Die Umrandung habe ich hier mit schwarzer Konturenfarbe gemacht; so werden die Goldflächen besser unterstützt. Goldkringel und kleine Goldflächen in die grellgrünen Blätter – und schon sieht die gleiche Blüte nicht mehr so brav aus. Die Blütenblätter sind in Gelb aquarelliert und nach dem Trocknen mit dunklerem Gelb ein wenig umrandet.

Sogar für ein immer gleichbleibendes Thema gibt es doch eine ganze Reihe von Variationsmöglichkeiten.

Material: Pongé-Seide 8; Seidenmalfarben: verschieden Grüntöne aus Gelb und Türkis (Awiseta), Royal (blau) und Iris (Avantgarde), Pink (Awiseta); Konturenfarbe: Waco sun color rotgold, Seidicolor schwarz; Goldflächen: Javana-Konturenfarbe perlrosa plus Bronzepulver hellgold; Konturenmaler

Aquarelltechnik

Die andere Art, eine Blüte auszumalen, ist die Aquarelltechnik. Nach dem Skizzieren wieder konturieren, um anschließend mit dem 10er-Pinsel in ganz zarten und dunkleren Farben die Blütenblätter zu malen. Alles mit leichter Hand ausführen und – was das Wichtigste ist – rasch den Pinsel aufsetzen und nach außen wegziehen. Auch umgekehrt ist es natürlich möglich. Dort, wo der Pinsel angesetzt wird, entsteht die breiteste Stelle, weil am Anfang noch die größte Menge Farbe in den Haaren sitzt und die Geschwindigkeit beim Malen noch nicht erreicht ist. Die Blätter habe ich ein wenig schattiert.

Übung 2: Einen Federmohn (Macleaya) erarbeiten

Eine meiner Lieblingspflanzen ist der Federmohn. Eigentlich glaubt man nicht, daß es Mohn ist, weil er kein Erkennungsmerkmal besitzt, das auf eine Verwandtschaft schließen lassen könnte.

Federmohn hat bläulich-grüne Blätter, die von unten samtig silberweiß schimmern. Er wird bis zu 4 Meter hoch, mit unscheinbaren beige-rosaroten Blüten, die in ihrer duftigen Zartheit wie Schleierkraut aussehen.

Hier habe ich drei der schön gezackten Blätter fotokopiert, sie als Vorlage unter die Seide gelegt und umzeichnet.

Dann wurde die Bleistiftzeichnung mit dem Konturenmaler umrandet.

Jetzt sind alle Konturen gezogen und die Blätter zum Teil mit Farbe ausgefüllt.

Nachdem auf diese Weise alle Blätter bemalt waren, habe ich den Hintergrund ausgemalt. Wenn dieser richtig durchgetrocknet ist – die Seide fühlt sich dann warm an – werden mit einem Pinsel Nr.4 und purem Alkohol die Blüten hell ausgewaschen. Gehen Sie mehrfach über die gleiche Stelle, sie wird dann immer heller; aber warten Sie stets, bis der Alkohol weggetrocknet ist.

Dann kann man mit dem Rest der Hintergrundfarbe die mittleren Töne für die Blüten hineinmalen und abschließend die ganz dunklen Töne und die zarten Zweige.

So einfach kann man dank der Fotokopien selbst so stark gezackte Blätter malen und ein dekoratives Blumenbild entstehen lassen. Natürlich bleibt alles flach – eventuelle umgeknickte oder flach waagrecht stehende Blätter müssen freihändig gezeichnet werden.

Material:
Pongé-Seide 8; Seidenmalfarben: Schwarz und Zeder (blaugrün), Khaki (ocker), Marone (rostrot) von Awiseta; Konturenfarbe: Waco sun color; Konturenmaler; Pinsel: Jaxhair Nr. 4, 8, 30

Übung 3: Phantasietraining – Blüten und Blätter aus zwei Kreisen komponieren

Vorlage I

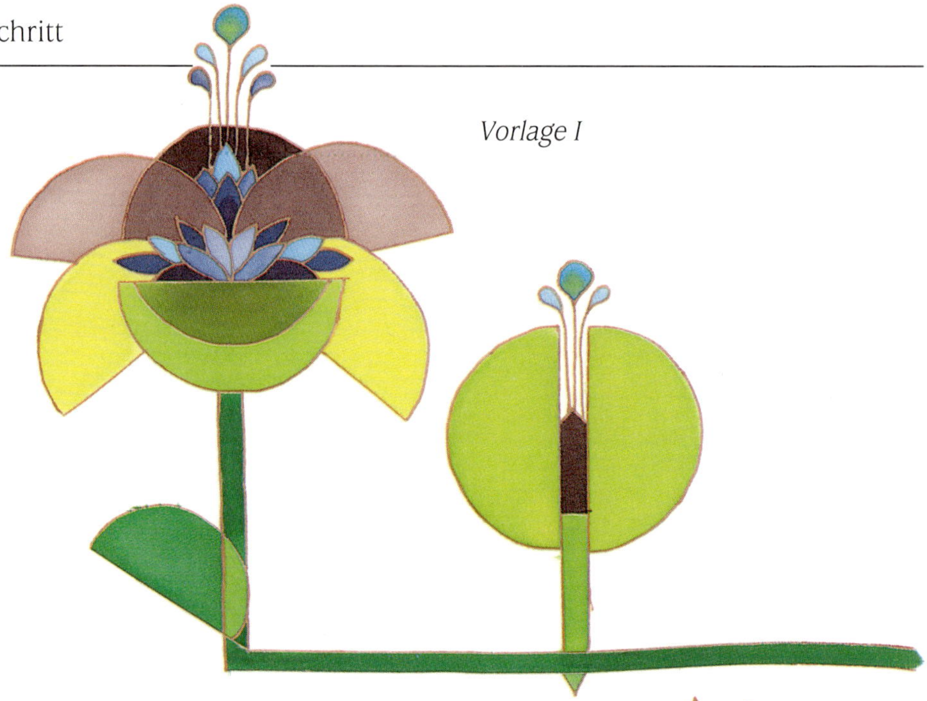

Eine schöne Übung besteht auch darin, Blüten selbst zu entwickeln. Blüten, die im wesentlichen aus zwei Kreisen bestehen, einem kleinen und einem größeren. Geknickt entstehen dann daraus auch noch zwei Halbkreise. Aus diesen vier Formen habe ich acht Blüten und fünf Blattgebilde entworfen. Die Ausmalung der Kreise bleibt ohne Vorgabe dem Maler überlassen.- Man könnte Tage damit verbringen, Formen von Blüten und Blättern zu zeichnen. Probieren Sie es ruhig auch einmal mit Dreiecken oder Ellipsen oder zwei verschiedenen Figuren.

Diese Bordüre gefällt mir besonders gut. Legen Sie einfach die einzelnen Motive zum Abzeichnen unter die Seide und komponieren Sie direkt auf Ihrem Stoff eine Bordüre.

Auf diese Weise kann man wunderschöne Tischbänder oder sogar meterlange Gardinenbänder, Schals und Kissen bemalen. Auch Ärmel für ein originelles Dirndl kann ich mir mit diesem Motiv sehr gut vorstellen. Oder stellen Sie sich eine Tischdecke vor: in der Mitte den Strauß und eine Bordüre ringsherum, dazu passende Servietten.

Natürlich könnten Sie auch Muster nur mit einer Blütenform entwerfen.

Die Bordüre ist auf Crêpe de Chine, der Strauß auf Pongé 8 gemalt. Einige Blüten auf Twillseide.

Ausführung:

Nachdem alle Phantasieblumen auf Pergamentpapier gezeichnet waren – so können Sie die Blätter auch einmal anders herum auf die Seide zeichnen –, habe ich die einzelnen Blüten ausgemalt. Alle entstanden auf Crêpe de Chine. Goldene und schwarze Konturen sind miteinander kombiniert, und alles wird schön bunt ausgemalt.

Auch die Blätter sind auf diese Weise gemalt. Die geraden Konturen habe ich mit dem Lineal gezogen, was mit dem Konturenmaler wunderbar funktioniert.

Jetzt habe ich aus den einzelnen Blüten und Blättern einen Strauß komponiert. Um Lücken auszufüllen wurden Halbkreise eingesetzt – auch eine Grundform.

Wiederum umzeichnet man die Formen mit Schwarz oder Gold und malt alles schön bunt aus.

Ich hatte keine Lust, mich an die Farben der vorher entworfenen Einzelblüten zu halten. Wiederholungen kann ich nicht leiden, und außerdem muß man trotz Buntheit in einem Ensemble ein wenig auf Harmonie achten. Ich glaube schon sicher zu sein in der Farbwahl, überlege aber trotzdem oft sehr lange, welche Farbe ich neben welches Feld setze. Ton in Ton malen ist unter diesem Aspekt wesentlich einfacher, als ein kunterbuntes Bild zusammenzustellen.

Vorlage II

Material:
Twillseide, Pongé 8, Crêpe de Chine; Seidenmalfarben: Gelb und Himbeer (rot), Malz (braun), Petunie (lilarosa), Smaragd (blaugrün), Mangan (dunkelblau) von Awiseta, Tomate (rot), Blau und Aprikose (orange), Atlantik (blau) von Avantgarde, Ara (türkis), Orchidee (lila), Noir (schwarz) von Dupont; Konturenfarbe: Waco sun color rotgold, Seidicolor schwarz; Konturenmaler; Pinsel: Jaxhair Nr. 4, 8, 12

Übung 4: Verschiedene Gräser

Gräser in einem Strauß oder Blumenarrangement lockern die strengste Anordnung auf.

So fein und präzise können Sie Gräser und Ähren malen. Mit der schon einmal angetrockneten Farbe, die Sie mit Alkohol wieder anlösen, können Sie haarfeine Striche ziehen, die nicht zerfließen – selbst dann nicht, wenn Sie Linien übereinanderlegen.

Beim Malen solch zarter Gebilde kommt es darauf an, wie rasch Sie den Pinsel über die Seide ziehen. Sie müssen ihn ansetzen, wegziehen, ansetzen und wieder wegziehen. Die Seide darf nicht zuviel Farbe aus dem Pinsel aufnehmen, sonst gibt es einen Fleck.

Sehr schön sieht es auch aus, wenn Sie dieselben Gräser daneben in Gold malen. Mit der Stupftechnik können Pünktchengräser entstehen oder Gräser in Streifen.

Wenn Ihnen keine natürliche Grasform einfällt, erfinden Sie einfach Ihre Grassorte. Machen Sie sich – wie ich hier – ein Probetuch und üben Sie einfach einmal verschiedene Möglichkeiten.

Material:
Farben von allen auch schmutzigen Resten, die auf dem Pappteller angetrocknet waren. Alle Beispiele sind mit einem Jaxhairpinsel Nr.5 gemalt, nur für die Stupftechnik verwenden Sie Größe Nr.10.

Ein Blumenstrauß in Aquarelltechnik entsteht

In Aquarelltechnik werden Bilder überwiegend wie bei einem Papieraquarell ohne Begrenzungen und Umrißlinien auf die Seide gemalt. Auch sollten die Blüten spontan auf der Seide entstehen – ohne Vorzeichnung, ohne Schablone. Wenn Sie eine ganz bestimmte Blume malen möchten, setzt das natürlich voraus, daß Sie in etwa wissen wie z.B. eine Tulpe aussieht.

Wir beginnen Schritt für Schritt mit einem rasch gemalten Sträußchen aus bunten »Flecken«.

Mit einem Blaugemisch, das so auf dem Pappteller eingetrocknet war, habe ich diesen Strauß begonnen.

Zuerst werden fast alle blauen Flecken gemalt und anschließend die rostroten Stellen. Jetzt werden die grünen Blätter zwischen und um die Blüten herum gesetzt.

Als der Strauß so weit fertig war, habe ich noch einmal außen herum kleinere blaue Tupfer verteilt.

In der letzten Phase werden mit dunkler Farbe Gräser über und zwischen das Blatt- und Blütenwerk verteilt. Das macht einen Strauß erst zu einem Blumenbouquet.

Achten Sie darauf, zu Beginn immer erst die Blüten zu malen, dann die Blätter und zum Schluß die Gräser. Sie werden es wesentlich leichter haben. Außerdem können Sie nicht um zarte Grasstengel herummalen: sie würden zerfließen.

Zeichnen Sie niemals mit Seidenmalfarbe die äußere Form eines Blattes vor. Es ergibt sich unausweichlich ein Rand, wenn Sie das Innere des Blattes ausgefüllt haben. Der sieht nicht sehr schön aus und ist nicht mehr zu korrigieren.

Nicht alle können aber ohne eine Anhaltslinie malen. Für diesen Fall gibt es eine Möglichkeit: Umranden Sie die Form mit dem Phantomstift. Dieser löst sich mit der Farbe auf oder ist nach einiger Zeit von alleine verschwunden.

Am besten und am natürlichsten ist es aber, frei und ohne Anhaltspunkte zu malen. Dieses Blatt habe ich ohne eine Hilfslinie gemalt. Das setzt natürlich voraus, daß man weiß, wie eine Blüte, ein Blatt, aussieht. Außerdem kommt bei einem Aquarell hinzu, daß man in etwa abschätzen kann, wohin und wie die Farbe verläuft.

Wenn Sie sich dann noch nicht mit einer Linie festgelegt haben, ist es möglich, frei und spontan ein Bild entstehen zu lassen. Nach vielen Übungsstunden wird es bestimmt auch Ihnen möglich sein, ein Blatt genau dort und genau so groß wie Sie es wollen, zu malen.

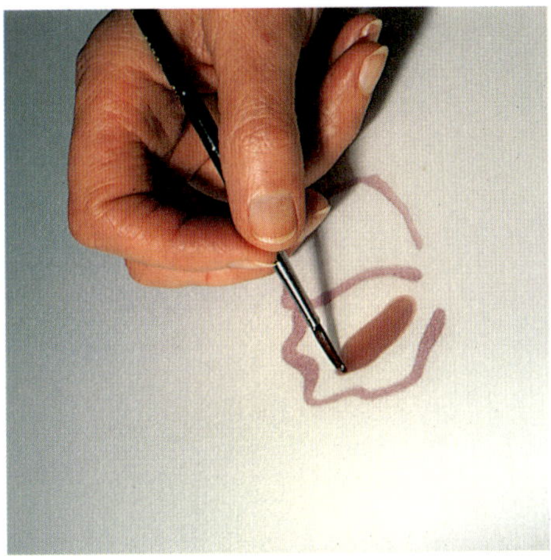

Ausführung:

Nehmen Sie frische rote Farbe mit einem 16er-Pinsel aus dem Glas und lösen Sie angetrocknetes, intensives Rot vom Pappteller damit an. Den Pinsel auf die Seide setzen, die Farbe ins Gewebe laufen lassen und langsam bewegen, bis die Form eines Blütenblattes entstanden ist. Jetzt den Pinsel nur in Alkohol tauchen und den Vorgang wiederholen, bis die Blüte aus einzelnen Blättern fertiggestellt ist.

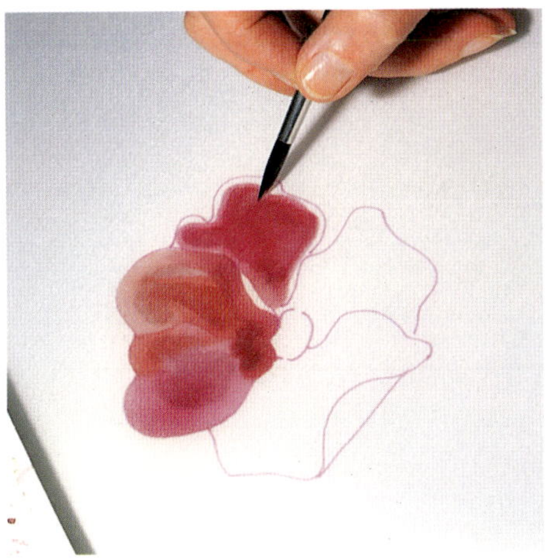

Blumensträuße und -bilder in Aquarelltechnik

Strauß aus bunten Flecken

Als Blumenstrauß ist dieses Aquarell sofort zu erkennen. Doch welche Blumen? Das überlassen wir dem Betrachter. Wir wollen lediglich einen Strauß malen; vielleicht noch mit einer Farbidee im Hinterkopf, vielleicht stehen aber auch gerade bestimmte Farben zur Verfügung. Aus gröberen und zarten Farbtupfern, hellen und dunklen Stellen, rot und lachs, verschiedenen Grünflächen und ein paar Stielen wird automatisch ein Strauß. Versuchen Sie es mal!

Mohn

Das ist schon ein wenig schwieriger. Hier habe ich zuerst die Mohnkapseln gemalt und darum herum die Blütenblätter angeordnet. Zuerst den mit sehr intensivem Rot gefüllten Pinsel aufsetzen und die Farbe einfach in die Seide laufen lassen. Dann den Pinsel, ohne erneut Farbe aufzunehmen – es ist noch genügend davon im Pinsel –, in Alkohol tauchen und die restlichen Blütenblätter malen, bis der Kreis geschlossen ist. Anschließend die seitlich zu sehenden Mohnblätter anlegen.

Bemühen Sie sich gar nicht so sehr um eine gelungene Form; lassen Sie die Farbe in die Seide laufen, indem Sie den Pinsel nur sehr wenig bewegen. Auf keinen Fall zuerst die Blattform malen. Außer Sie zeichnen mit dem Phantomstift vor, wenn Sie einen Anhaltspunkt benötigen.

Jetzt können die grünen Blätter und Knospen gemalt werden. Ein ganz klein wenig Blau bringt etwas Spannung in das Ensemble. Zum Schluß kommen wieder die dunklen Gräser und Goldhalme; vielleicht hier und da noch ein Pünktchen, und das Bild ist fertig.

Strauß mit Heliotrop

Wie bei den beiden vorhergehenden Bildern beginnen Sie, die Farben auf die Seide zu malen. Zuerst tragen Sie immer die hellen Farbtöne auf, außer Sie wollen – wie beim Mohn – alles ineinanderfließen lassen, ohne neue Farbe aufzunehmen. Dann beginnt man mit intensiver Farbe, die – durch Alkohol immer stärker verdünnt – allmählich zarter wird. So sind in diesem Strauß die Blätter entstanden.

Rosen mit Schleierkraut

Da diese Rosen doch sehr flächig aussehen, bringt das Schleierkraut in Gold etwas Leichtes in den Strauß. Die zartesten Dolden entstehen, wenn Sie mit Gold die Stupftechnik anwenden und diese Pünktchen ab und zu an dünne Stengel setzen.

Fuchsien

Fuchsien sind einmalig schön und so vielfältig in ihren Arten. In Chile gibt es ganze Wälder aus blühenden Fuchsien – unbeschreiblich.

Hier müssen Sie besonders darauf achten, daß beim Malen der Staubgefäße die Farbe kaum feucht ist – sonst verläuft sie sofort. Und Sie wissen ja: eine Korrektur ist beim Aquarell nicht möglich, außer Sie malen etwas darüber.

Weihnachtsstern

Ein weißer Weihnachtsstern ist eine reizvolle Aufgabe. Da er ein wenig gelblich ist und auch zartes Grün in den Blättern hat, waren Licht und Schatten nicht so schwer darzustellen.

Frühlingsstrauß

Ein Frühlingsstrauß mit Hängekätzchen, Weidenkätzchen, Stiefmütterchen und anderen »Frühlingskindern«.

Florale Motive haben natürlich besonders auf Seide ihren Charme. Wie oft stehe ich vor einer Blüte und denke mir, daß es aussieht, als ob tatsächlich Seide aus den Hüllblättern quellen würde...

Stiefmütterchen

Bei diesem Strauß finde ich die Farbzusammenstellung besonders gut gelungen. Nicht jeden Tag ist der Farbensinn gleich gut ausgeprägt, und manchmal ärgert man sich auch über eine mißglückte Kombination. Mit vielen Pünktchen in all den Farben, die auch Blüten und Blätter aufweisen, kann man einen Strauß einrahmen; er wird immer leichter und zarter dadurch.

Orchideen

Dieses Bild ist mit den Maßen 70 x 100 cm sehr groß. Ich mußte daher noch rascher als sonst und mit dem größten Pinsel malen. Rasch, weil ich wollte, daß viele Farbtöne ineinanderfließen. Wenn man dabei keine Flecken haben möchte, setzt das voraus, daß man naß in naß malt. Ganz ohne Aufregung ging es dabei nicht ab, besonders weil es mein erstes Aquarell mit Orchideen war.
Naß in naß bedeutet, auf trockener Seide die Farben feucht aneinander zu setzen. Keine Farbe trocknet zwischendurch an.

Material: Pongé-Seide 8, Crêpe de Chine; Seidenmalfarben: verschiedene Rot-, Gelb-, Blau- und Lilatöne, Türkis und Schwarz von Awiseta, Dupont und Schjernings; Pinsel: Jaxhair Nr. 2, 5, 8, 10, 24, 30

Vase mit Winden

Ein Aquarell in Verbindung mit konturierten Flächen kann auch sehr interessant wirken. Wenn Sie z.B. eine sehr sauber abgegrenzte Vase haben möchten, empfiehlt es sich, dafür eine Kontur zu ziehen.

Ausführung:

Insgesamt muß man bei dem Entwurf ein wenig logisch denken. Sollen die Blumen über die Vase hängen, bedeutet das, Sie müssen zuerst die Blumen malen. Sind alle Blätter und Blumen gemalt, legt man den Vasenentwurf und zeichnet nur noch dort die Kontur nach, wo sie nicht von Pflanzen verdeckt ist. Nachdem die Vase dann mit Seidenmalfarbe ausgefüllt ist, können Sie das Bild vervollständigen, indem Sie Blätter und Blüten einsetzen, die hinter dem Gefäß herausschauen.

Die Winden in meinem Bild sind mit weißen Rosen und braunen Blättern kombiniert. Ein wenig Gold schadet auf keinen Fall.

Fuchsien im Garten

Auf diesem Bild sind verschiedene Techniken vereint: Malen mit Konturen, Aquarellieren und die Waschtechnik.

Ausführung:

Die aufgezeichneten Fuchsien habe ich konturiert und ausgemalt, um danach als Hintergrund Rittersporn, Mohn und Blätter zu malen. Als auch der Hintergrund trocken war, habe ich die gesamte Fläche – bis auf die Fuchsien und die lachsfarbene Mohnblume – mit der grünen Hintergrundfarbe überzogen. Unten links ist der Rittersporn noch schön hellblau: Dort habe ich klares Wasser auf die Blüten gesetzt und das Grün außen herumgemalt. Auf diese Weise bleiben an der gewünschten Stelle die Farben klar, und es bilden sich keine Ränder. Fast photographisch wirkt ein so gemaltes Bild: mit dem scharfen Fuchsien-Vordergrund und dem unscharfen Hintergrund mit all den verschwommenen Farben.

Florale Muster

Vorlage III

Blütenranke auf schwarzem Grund

Dieses Muster entstand ohne Vorlage. Ich wollte einfach nur einmal Linie an Linie setzen, habe die Seide aufgespannt und mit dem Zeichnen begonnen.

Gerade bei einer derartigen Arbeitsweise wird wieder der Vorteil des Konturenmalers überdeutlich: Ganz gleich, wieviele Linien Sie ziehen müssen, es ist nicht mehr mühselig oder unsauber. Und unabhängig davon, wie zart Sie zeichnen: die Umrißlinien sind haltbar und geschlossen. So scheut man sich auch nicht, unendliche Muster zu malen.

Ausführung:

Beginnen Sie einfach damit, in eine Ecke eine Blüte zu setzen, ein paar Blätter, Stengel, wieder Blüten, Stengel usw. Das macht einfach Spaß und erhebt nicht unbedingt künstlerischen Anspruch. Es kann beispielsweise auch dazu dienen, Farbkompositionen auszuprobieren.

Der schwarze Hintergrund ist kein Problem, aber die Farben leuchten so besonders schön. Wenn Sie das Schwarz zweimal auftragen, wird der Ton noch intensiver. Ich habe den Hintergrund hier nur einmal angelegt.

Material:
Pongé-Seide 8; Seidenmalfarben: Awiseta - Schjernings - Dupont - Seidicolor; Konturenfarbe: Waco sun color; Konturenmaler; Pinsel: Jaxhair Nr. 4, 8, 12

Florales Muster als Lampenschirm

Auf Lampenschirmen gefallen mir florale Muster immer am besten. Sie passen zu verschiedensten Einrichtungen. Über diese Crêpe de Chine-Seide habe ich lediglich Goldranken laufen lassen, die an den Verzweigungen Blüten und Knospen tragen. Zu den eckigen Blütenkörben paßt ein geschwungenes Akanthusblatt sehr gut. Verschiedene Blautöne nur mit Gold kombiniert lassen die edle Seide noch edler wirken.

Muster auf gesteppter Seide

Diese wunderschöne Doupionseide habe ich Ihnen bereits in meinem Buch »Meisterschule Seidenmalerei« vorgestellt. Sie ist in dieser Form wattiert, gesteppt und läßt sich problemlos auf die Glasplatte spannen zum Bemalen.

Für Jacken, Mäntel und Westen ist diese Seide ganz besonders gut geeignet. Sie trägt sich wunderbar, ist warm und läßt sich sehr schön waschen und bügeln.

Dieses Probestück habe ich so bemalt, daß in jedem einzelnen Feld eine Blüte steht – der Form der abgesteppten Fläche angepaßt. Es sind konturierte Blüten und eine Blume ohne feste Umrandung in Aquarelltechnik. Ein unendliches Thema. Man könnte wahrscheinlich mehrere Meter so bemalen, ohne auch nur einmal eine Blume zu wiederholen. Probieren Sie's mal.

Material: Doupionseide gesteppt; Seidenmalfarben: Gelb und Blau, Scharlach (rot) von Avantgarde, Indigo (blau), Bordeaux (rot), Haselnuß (braun) von Awiseta, Schwarz von Dupont; Konturenfarbe: Waco sun color rotgold, Seidicolor schwarz; Gold: Javana-Konturenfarbe perlrosa plus Bronzepulver; Pinsel: Jaxhair Nr. 3 und 6

Freies Muster

Dieser Bildausschnitt zeigt ein florales Muster, das Sie vielleicht noch kennen. Auf dem Umschlag meines letzten Buches »Meisterschule Seidenmalerei« (Augustus Verlag) ist der Kostümentwurf abgebildet. Einen Teil des Mantels, den ich mir daraus habe nähen lassen, sehen Sie hier abgebildet.

Die Malerei habe ich auf Crêpe de Chine ausgeführt, und sie ist auf eine traumhafte, grün gefärbte Ripsseide appliziert.

Ausführung:

Nehmen Sie den Schnitt für das Kleidungsstück, das Sie nähen möchten, zur Hand. Auf diesen Schnitt zeichnen Sie jetzt ein Muster vor. Spannen Sie jetzt ein entsprechend großes Stück viereckiger Seide auf die Platte (nicht vorher zuschneiden) und legen Sie den Schnitt mit dem Muster in Fadenlaufrichtung unter die Seide. Übertragen Sie das Muster auf die Seide, entfernen Sie die Vorlage, spannen Sie die Seide endgültig und malen Sie Ihr Muster aus.

Nach dem Dampffixieren die Seide bügeln, auf die zugeschnittenen Kleidungsteile legen, und das Muster mit engem Zickzackstich endeln. Jetzt erst die Formen ausschneiden und nochmals bügeln. Anschließend die Kleidungsteile zusammennnähen.

Material: Crêpe de Chine; Seidenmalfarben: Fuchsia (grellrosa), Türkis und Schwarz von Awiseta, Atlantik (blau), Purpur (rotlila) von Avantgarde; Konturenfarbe: Seidicolor schwarz; Gold: Javana-Konturenfarbe plus Bronzepulver.

Florales Ornament

Ornamente mit floralen Motiven sind praktisch unendlich zu gestalten: gegengleich, asymmetrisch, abstrakt, naturalistisch und vieles mehr.

Rote und blaue Winden

In unseren Garten haben sich zur Zeit himmelblaue Winden in die Rosenbäume verirrt und öffnen jeden Morgen unzählige Blüten. Völlig verändert habe ich sie für Sie als Ornament gestaltet. Wenn Sie dieses Ornament mehrfach auf ein Tuch verteilen und durch gewundene Stengel, an denen Blätter sitzen, verbinden, ergibt sich bestimmt ein herrliches Muster.

Ausführung:

Auf ein Stück Pergamentpapier habe ich die eine Hälfte des Ornaments gezeichnet. Das Papier wurde in der Mitte geknickt und dann, da es ja durchscheint, die Zeichnung auf die andere Seite übertragen. Das Muster auf die Seide übertragen, Vorlage entfernen und gut festspannen. Zuerst werden wieder mit dem Konturenmaler feine Goldkonturen gezogen und anschließend die Formen mit Seidenmalfarben ausgefüllt. Dampffixieren und bügeln.

Erdbeeren

Schon von der Farbe einer reifen Erdbeere, die im grünen Laub leuchtet, kann man begeistert sein. Auch zu malen ist diese Frucht sehr schön, und selbst als Teil eines Ornaments entfaltet die Erdbeere eine eindrucksvolle Wirkung.

Ausführung:

Der Arbeitsvorgang ist derselbe wie bei der Winde. Hier habe ich zum Schluß aber noch die Flächen mit Gold ausgefüllt.

Dazu mischen Sie Javana-Konturenfarbe mit Kreul-Bronzepulver hellgold zu einem dicken Brei, geben nur soviel Wasser hinzu, daß Sie die Farbe vermalen können und füllen dann die jeweiligen Felder mit der Goldfarbe aus.

Mit Gold wirkt jede Malerei gleich sehr edel, wenn – und das ist Voraussetzung – es nicht bei jeder Gelegenheit verwendet wird.

Nur allzu leicht kann man bestimmte Effekte bis zur Geschmacklosigkeit strapazieren.

Material:
Pongé-Seide 8; Seidenmalfarben: Awiseta – Schjernings; Konturenfarbe: Waco sun color rotgold; Goldfarbe: Javana-Konturenfarbe perlrosa plus Bronzepulver hellgold; Konturenmaler; Pinsel: Jaxhair Nr. 3, 6

Blumen zu Kränzen winden

Kränze sind in fast jeder Epoche Ausdruck der Freude, Trauer oder auch nur reine Dekoration zu vielerlei Anlässen gewesen. Noch heute ist mir zur Adventszeit der Kranz mit roten Kerzen und rotem Band der Inbegriff der Vorweihnachtszeit. Da kann es noch so viele Gestecke geben; Adventsdekoration bleibt für mich der Kranz.

Kränze kann man stecken, flechten, malen, sticken, aus Porzellan und Ton formen und vieles mehr. Ich habe Ihnen Kränze auf Seide gemalt. Sie können als Bild, auf Stoffbahnen oder zwischen zwei Glasscheiben als Fensterbild benutzt werden.

Ich selbst habe mir Glasplatten rund zuschneiden lassen und verwende die Seidenkränze unter Glas als Topf- oder Vasenunterlage. Die Fensterbank ist so vor Feuchtigkeit geschützt, und es sieht hübsch aus. Eine praktische, originelle Dekorationsmöglichkeit besteht auch darin, eine passende Glasscheibe für ein Tablett schneiden zu lassen und das Seidenbild darunter zu jeder sich bietenden Gelegenheit zu wechseln. Ostern ein Osterbild, zu Weihnachten einen Adventskranz oder Weihnachtssterne und vieles mehr. Da darf die Milch ruhig einmal überschwappen – es ist ja Glas auf dem Bild!

Kranz 1 – Stiefmütterchen

Zuerst macht man sich auf Papier eine Skizze. Einen Kreis mit dem Zirkel ziehen oder um einen Teller herum zeichnen. Der Zirkel bietet den Vorteil, daß Sie – wie ich es hier gemacht habe – zwei Kreise ziehen können und dann eine doppelte Linie haben, um die herum die Motive angelegt werden.

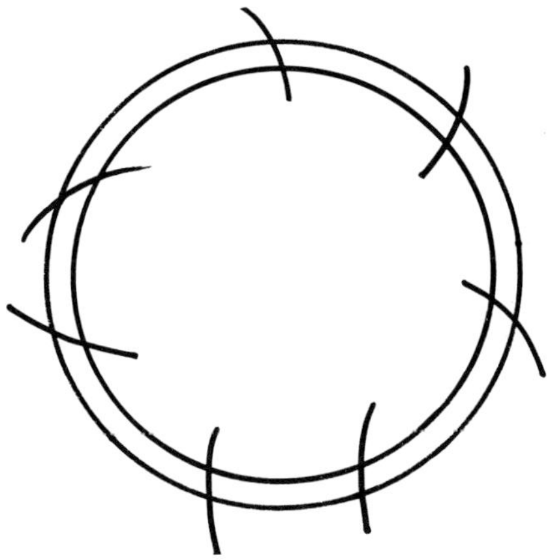

So sah die Anfangsphase aus. Aus diesen zwei Kreisen mit den Strichen darüber habe ich den Stiefmütterchenkranz entstehen lassen. Die Striche sollen stilisierte Schleifen darstellen.

Hier können Sie erkennen, wie die Schleifen entstanden: Einfach verdoppeln und recht ungleichmäßig wie ein Band zeichnen. Die Zirkellinien, die in den Schleifen verbleiben, radieren Sie später weg.

Nun können die Stiefmütterchen hineingezeichnet werden. Ringsherum, über oder hinter dem Kreis werden sie locker gruppiert. Verteilen Sie die Blüten so, daß es wie ein echter Kranz aussieht.

Jetzt kann die Seide aufgespannt und die Zeichnung zum Abzeichnen unter die Seide gelegt werden. Haben Sie mit zarten Bleistiftstrichen das Motiv übertragen, entfernen Sie den Entwurf, kleben die Seide gut gespannt an allen vier Kanten fest.

Die Konturen habe ich mit dem Konturenmaler in schwarzer Farbe (Seidicolor) und mit Waco sun color rotgold gezogen. Zu dem Konturenmaler gibt es jetzt auch einen Zirkel – ein Gerät, in das Sie den Konturenmaler stecken und damit ganz gleichmäßig einen

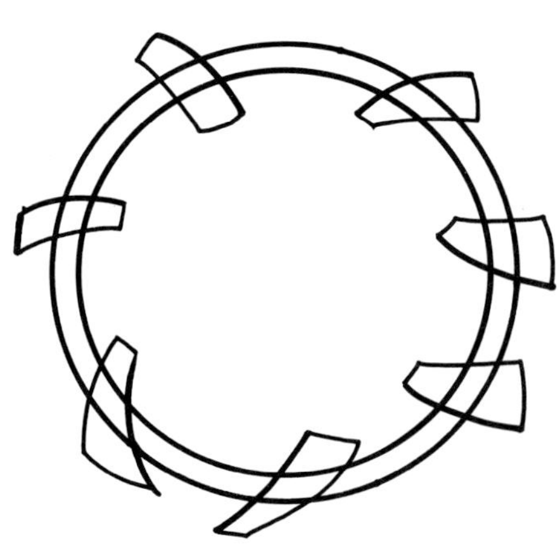

Kreis umreißen können. Eine sehr große Hilfe, wenn man keine ausreichend ruhige Hand dafür hat.

Ist diese Arbeit getan, folgt der interessantere Teil, mit der Farbe zu arbeiten. Ich habe alle Stiefmütterchen in verschiedenen Tönen ausgemalt, kann mir aber auch sehr gut vorstellen, daß der Kranz lediglich aus weißen Blüten ebenfalls sehr duftig wirkt.

Zum Schluß kamen noch Gräser zum Auflockern zwischen Blüten und Blätter, wurde die Schleife mit Goldkreisen versehen, alles dampffixiert und gebügelt.

Möchten Sie eine Tablettunterlage aus Ihrer Malerei machen oder den Kranz als Topfunterlage verwenden, müssen Sie die Malerei auf eine selbstklebende Lampenschirmfolie in undurchsichtigem Weiß kleben. Dazu spannen Sie das Tuch wieder mit der bemalten Seite nach unten auf die Glasplatte. Jetzt kleben Sie Ihre Klebefolie auf und entfernen sie danach von der Platte. Sie können sie nun so zuschneiden, daß sie entweder genau auf das Tablett oder unter die runden Scheiben paßt.

Kranz 2 – Stilisierte Clematis

In meinem Garten wächst auch eine ganz zauberhafte Clematis. Sie hat so zierliche Girlanden und feine Blätter, daß man Angst hat, der nächste Wind könnte sie zerbrechen. Die Blüten sehen aus wie kleine Elfen mit den hübschesten gewellten, lavendelblauen Röckchen. Jedes Jahr zur Blüte bin ich aufs neue begeistert.

Bei diesem Kranz habe ich an die Zierlichkeit meiner Clematis gedacht und sie mir als abstraktes Blumenmuster vorgestellt. Da alles bei diesem Motiv rund und geschwungen ist, habe ich ganz bewußt den Zackenkreis über den Ring gestellt.

Ausführung:

Der Arbeitsvorgang ist derselbe wie bei Kranz 1. Also zuerst den Kreis zeichnen, dann eine Zackenlinie darüber und dahinter setzen, die Linien verdoppeln. Blätter, Blüten und Kringel zeichnen. Den Entwurf unter die Seide legen, abzeichnen, konturieren, ausmalen. Einige Flächen habe ich noch mit Gold ausgefüllt, aber auch diese Form zuerst mit Schwarz umrandet; es sieht sehr viel exakter dadurch aus.- In das rote Band Goldpünktchen setzen, fixieren, fertig.

Material:
Pongé-Seide 0,8; Seidenmalfarben: Awiseta, Avantgarde (Kreul); Konturenfarbe: Seidicolor schwarz, Waco sun color gold; Konturenmaler

Kranz 3 – Adventskranz

Ein Adventskranz ist mit der Technik des Schraffierens sehr schön zu gestalten. Mit ein wenig Alkohol eine größere Menge angetrockneter Farben anlösen und mit gespreiztem Pinsel die Tannen malen. Da die Farbe kaum naß ist, kann man die Schraffuren auch übereinandersetzen, ohne daß die Farben ineinander verlaufen.

Ausführung:

Wieder begann ich mit dem Kreis, zeichnete dann Schleife und Ilexblätter mit Beeren freihändig, ohne Schablone, auf die gut gespannte Seide. Jetzt wieder alle Konturen ziehen und in den Kreis, in Schleife und Ilex Farbe einsetzen. Da hier mit Alkohol gemalt wird, ist die Farbe sofort trocken, und die Rippen für die Tannen können gezogen werden: abwechselnd über und unter dem Kreis. Umrisse der Sterne gleichfalls in Schwarz anlegen. Auch diese Farbe ist sofort trocken.

Mit gespreiztem, nicht zu breitem Pinsel – Nr.10 ist am besten geeignet – können Sie nun die Tannennadeln schraffieren. Achten Sie immer darauf, daß die Nadeln wie in Wirklichkeit von der Rippe nach außen und schräg zum Zweig laufen. Sie können denselben Vorgang anschließend noch in Gold, mit goldenen Zweigen, wiederholen.

Die Sterne mit Gold, einem Gemisch aus Javana-Konturenfarbe und Gold-Bronzepulver, ausfüllen. Zahlreiche kleine Goldsternchen und -pünktchen runden das Bild ab und vermitteln weihnachtlichen Glanz.

Material:
Crêpe de Chine; Seidenmalfarben: Awiseta – Dupont; Konturenfarbe: Seidicolor schwarz, Waco sun color (Goldkontur), Javana-Konturenfarbe und Bronzepulver (Sternengold); Konturenmaler; Pinsel: Jaxhair Nr. 10

Vorlage IV

Kranz 4 – Osterkranz

Osterkranz – was fällt einem dazu ein? Natürlich hübsch bunt bemalte Eier und die Blumen, die zu dieser Zeit blühen könnten: Primeln oder Maiglöckchen, Leberblümchen oder Buschwindröschen. Ich wollte aber gerne einen »kühlen« Kranz malen, dem man ansieht, daß es noch frisch ist in der Natur. Diese Kühle ist mit Schneeglöckchen auch in den Farben ideal ausgedrückt.

Ausführung:

Wie bei den Kränzen vorher bildet der Kreis das Ausgangsmotiv. Aus dickerem Papier habe ich diesmal einen leichten Bogen als Schablone ausgeschnitten, damit der Blumenstiel immer die gleiche Biegung hat; es wird sonst zu unruhig. Als erstes wurde wieder der Kreis gezeichnet, dann die Stengel, Blüten und Blätter und abschließend die Ostereier in den Freiflächen zwischen den Schneeglöckchen mit ihrem Ornament. Abgemessen habe ich nichts: So sieht es lebendiger aus.

Dann wieder wie bei den vorherigen Beispielen Konturen ziehen, ausmalen und zum Schluß die Goldverzierung anlegen.

Material:
Pongé-Seide 08; Seidenmalfarben: Brillantblau und Violett von Seidicolor, Saphir (blau), Scharlach (rot), Schwarz, Smaragd (blaugrün), Madarine (orange), Royal (blau) von Awiseta; Gold: wie mehrfach beschrieben; Konturenfarbe: Seidicolor schwarz, Waco sun color rotgold; Konturenmaler; Pinsel: Jaxhair Nr. 5 – 8

Kranz als Tablettunterlage

Auch dieses in Aquarelltechnik gemalte Blumenoval könnte man als Kranz bezeichnen. Ich habe das Tuch für ein Tablett gemalt. Ein entsprechend geschnittenes Glas schützt die Arbeit vor Flecken. Man kann die Seidenunterlage auch passend zum Geschirr anlegen oder einfach mehrere zum Auswechseln anfertigen.

Ausführung:

Zuerst habe ich hier die Ornamente entworfen. Sie sollen der zarten Leichtigkeit des Aquarells ein wenig Halt geben, einen Gegensatz bilden, der auch gewisse Spannung verleiht. Damit die Malerei nicht völlig schief gerät, habe ich auch aus Papier einen flachen Bogen geschnitten und die beiden Begrenzungslinien ganz zart vorgezeichnet. Die Malerei überdeckt später die feine Bleistiftlinie. Anschließend werden die Mitte und Seitenmitte des Bogens ausgemessen und dort die Ornamente vorgezeichnet. Mit schwarzen Konturen umranden und jetzt erst mit den Blüten beginnen.

Beim Ausmalen als erstes alle rosafarbenen Rosen, dann die gelben, einige Blätter und die hellen Blautöne dazwischen anlegen. Dann halbe Rosen, dunklere blaue Flecken usw. malen. Auf alle Fälle zunächst die zarten Farbtöne und dann ständig dunklere Farben wählen. Ganz am Schluß das Gold einsetzen.

Wenn alles fertig ist, wirft man noch einen prüfenden Blick über das Ganze, ob irgendwo noch ein Gras, ein Farbtupfer oder ein Blatt zur Abrundung fehlt.

Ein wenig Zeit müssen Sie für eine solche Seidenmalerei schon erübrigen – aber Sie wissen ja: »Ohne Fleiß kein Preis.«

Wenn die Arbeit dampffixiert und gebügelt ist, wie auf S. 17 ff. beschrieben, eine weiße Klebefolie unter die Malerei kleben und der Form des Tabletts entsprechend ausschneiden. Damit man das Tablett auch senkrecht wegstellen kann, ohne immer die Glasscheibe entfernen zu müssen, mit ganz zarten Drahtstiften an allen vier Seiten festheften.

Material:
Pongé-Seide 8; Seidenmalfarben: alle Farben aus Rot, Blau, gelb, Schwarz, Lila von Avantgarde mischen; Konturenfarbe: Seidicolor schwarz, Javana-Konturenfarbe plus Bronzepulver (Gold); Konturenmaler; Pinsel: Jaxhair Nr. 0/2 – 5; Lampenschirmfolie in undurchsichtigem Weiß

Blumensäulen

Die praktischen Blumensäulen stehen bei mir immer an der Stelle, wo gerade eine Dekoration vonnöten ist. Auf den Säulen kann man Skulpturen, Körbe mit Obst, Lampen oder Blumen hübsch anordnen.

Blumensäule mit Alpenveilchen

Auf dieser 1,35 Meter hohen Säule stand ein Alpenveilchen in der passenden Farbe. Ein bildschönes Ensemble.

Zwei Säulen habe ich mit bemalter Seide bespannt und die dritte mit einer indischen Seide, die eingewebte Goldpunkte schmücken.

Eine unter die Abdeckplatte geklebte Seidenquaste macht den Blumenständer ein wenig verspielt, sieht aber – je nach Umgebung – sehr attraktiv aus. Auf der Platte liegt die passend rund gemalte Seide unter Glas.

Material:
3 Kerne von Restrollen Dampffixierpapier (auf entsprechende Höhe zusägen lassen); 2 Holzplatten (rund oder andere Form); 3 Holzkugeln (Füße); 1 Seidenquaste; Uhu; Seide: Crêpe de Chine; Seidenmalfarben: Awiseta – Seidicolor – Avantgarde; Konturenfarbe: Seidicolor schwarz; Pinsel: Jaxhair Nr. 8, 16, 30, Konturenmaler

Blumensäule mit Stiefmütterchen

Hier noch eine Blumensäule in kleinerer Ausführung: 90 Zentimeter hoch.

Zwei der drei Rollen haben eine Seidenbespannung, die das Stiefmütterchenmotiv zeigt; die dritte Rolle überzieht wieder unifarbene Seide. Eine schillernd grüne Seidenquaste ist unter der oberen Holzplatte befestigt, eine zweite habe ich zwischen zwei Rollen nahe an den Fuß geklebt.

Die Stiefmütterchen sind in Anordnung und Farbe verschieden. Dadurch kann man die Säule so drehen, daß die Farbe der Malerei jeweils mit dem Raum harmoniert. Auf die Abdeckplatte kommt ein passendes Bild, rund geschnitten und durch eine Glasplatte geschützt. So kann auch einmal Wasser verschüttet werden, ohne daß ein häßlicher Rand entsteht. Aber auch wenn keine geeignete Blumendekoration vorhanden ist, entsteht ein hübsches Bild.

Ausführung:

Wie in meinem Buch »Meisterschule Seidenmalerei« (Augustus Verlag) beschrieben.

Material:
s. Blumensäule mit Alpenveilchen

Gemälde auf Seide

Frau mit Hibiskusblüten

Auf Twillseide habe ich dieses Frauenbild gemalt. Bei einem meiner liebsten Blumenhändler, der immer ganz besonders ausgefallene Blumen züchtet, hatte ich im Sommer diesen bei uns einjährigen Hibiskus mit Blüten wie Untertassen gekauft.

Um diesem Prachtexemplar auf Seide einen würdigen Rahmen zu geben, habe ich diese Frau mit Bändern im Haar und floral-ornamentalen Ärmeln als Bildhintergrund entworfen. Es macht besonders viel Freude, eine naturalistische Pflanze mit Ornamenten zu kontrastieren; wenn dann die Farben noch passen, kann trotz der Gegensätze ein spannungsreiches, aber dennoch harmonisches Bild entstehen.

Material:
Twillseide; Seidenmalfarben: Awiseta – Dupont – Avantgarde; Konturenfarbe: Seidicolor schwarz, Waco sun color rotgold; Goldpartien: Javana-Konturenfarbe plus Bronzepulver hellgold; Konturenmaler; Pinsel: Jaxhair Nr. 3, 8, 12, 30

Grüne Frau mit Malven

Dieses Jahr blühten in meinem Garten Malven in dunkelstem Rotlila – und was besonders hübsch an ihnen war: Zwischen den roten Blütenblättern leuchtete das intensivste Hellgrün. Besonders im Gegenlicht strahlten die hinteren Kelchblätter zwischen den Blütenblättern hindurch. Eine solche Malvenart hatte ich bislang noch nie gesehen.

Ausführung:

Als Verbindung zwischen Fläche und Blumen habe ich eine Frauenfigur gewählt. Die Schnecke paßte meines Erachtens zur Kopfhaltung und der Haarlinie. Die Malven habe ich in Form und Farbe sehr naturalistisch und dreidimensional gemalt. Mit dem Goldhintergrund wirken die Blumen noch plastischer.

Die Verwendung bereits eingetrockneter Farben steigert deren Intensität, und in Gold stehend potenziert sich die Leuchtkraft noch zusätzlich.

Material:
Crêpe de Chine; Seidenmalfarben: Awiseta – Dupont – Avantgarde; Konturenfarbe: Waco sun color rotgold; Goldhintergrund: Javana-Konturenfarbe plus Bronzepulver; Konturenmaler

Stiefmütterchen auf Goldgrund

Auch hier sind die Stiefmütterchen naturalistisch gemalt und in einen vergoldeten Hintergrund gesetzt. Mit Javana-Konturenfarbe plus Bronzepulver hellgold können Sie eine Goldfarbe mischen, die kaum von echtem Gold zu unterscheiden ist.

Ausführung:

Nachdem Sie die Blumen gemalt und dampffixiert haben, malen Sie den Hintergrund mit dem Konturenfarbe-Goldgemisch. Sie mischen dazu Javana-Konturenfarbe, entweder perlrosa, grau, braun oder auch schwarz, mit Kreul-Bronzepulver, entweder dunkel- oder hellgold. Ein wenig Wasser hinzufügen, bis die Farbe malbar ist (genaue Beschreibung in meinem Buch »Meisterschule Seidenmalerei«, Augstus Verlag). Die Seidenmalfarben gewinnen durch den Goldhintergrund besonders starke Ausdruckskraft.

Material:
Pongé-Seide 8; Seidenmalfarben: Noir (schwarz) von Dupont, Himmelblau und Gelb von Seidicolor, Geranie (rot), Atlantik (blau), Purpur (rotlila), Blau von Avantgarde; Konturenfarbe: Waco sun color rotgold; Goldfläche: Javana-Konturenfarbe plus Kreul-Bronzepulver; Konturenmaler; Pinsel: Jaxhair Nr. 4, 8

Dame im Rosengewand

Primäre Idee dieses Bildes war es, ein Kleid zu entwerfen – mit stilisierten Rosen, in außergewöhnlicher Farbkombination und zusätzlichem farbigem Muster. So ist diese spanisch anmutende Frau vor einem aufwendig gemalten Hintergrund entstanden.

Ausführung:

Der Entwurf ist zunächst auf Papier gezeichnet und auf die Seide übertragen worden. Die Rosen auf dem Rock habe ich ohne Vorzeichnung frei auf die Seide gemalt. Obwohl es in der Stilisierung nur Schneckenformen sind, kann man sie dennoch als Rosen erkennen. Auch die eckigen Blätter sind ja nicht gerade Rosenblätter, aber zusammen mit der Knospe assoziiert man doch sofort Rosen.

Die Konturen für die Figur habe ich in Schwarz (Seidicolor) und Gold (Waco sun color), die der Blätter und Rosen in Javana perlsilber angelegt. Nun kam der Hintergrund mit den naturalistisch vorgezeichneten Rosen. Dieses Rosenmuster sollte wie eine Tapete den gesamten Bildhintergrund überziehen – Erinnerung an eine Rosentapete aus ganz frühen Kindertagen...

Im nächsten Schritt habe ich die Frau selbst, Ärmel und Schleife ausgemalt, um dann mit allen erdenklichen Licht- und Schattenwirkungen die Hintergrundrosen auszumalen.

Nun wurde das Bild erst einmal dampffixiert, wodurch die leuchtenden Farben noch brillanter zur Wirkung kamen. Mich störte aber der zwar gut gelungene, doch sehr unruhige Hintergrund. Daher habe ich aus

Bordeaux (Dupont), Schwarz (Noir) und ein wenig Girofle (Orange Dupont) ein sehr dunkles Burgunderrot angemischt und damit den gesamten Hintergrund sehr rasch überzogen. Noch bevor die Seide trocken ist, habe ich dann an machen Stellen die Rosen mit Alkohol ausgewaschen. Mit einem dicken Pinsel (Nr. 30) wird dabei so lange ausgewaschen, bis die Hintergrundfarbe nicht mehr nachfließt. Das Ergebnis sieht sehr interessant, fast mysteriös aus und hebt die schöne Farbigkeit des Kleides hervor.

Auch wenn Sie jetzt verwundert sind, weshalb man sich die Arbeit macht, die Rosen vorher sorgfältig auszumalen: die Rosen schimmern in ursprünglichen Farbe durch den Farbüberzug hindurch, und gerade darin liegt der besondere Effekt.

Material:
Crêpe de Chine; Seidenmalfarben: Aubergine (lila), Ara (türkis), Gelb, Noir (schwarz), Giroflée (orange) von Dupont; Konturenfarben: wie im Text erwähnt; Konturenmaler; Pinsel: Jaxhair Nr. 8, 16, 30

Chinesische Vase mit Zinnien

Diese chinesische Vase ist mit sehr langen, bunten Zinnien gefüllt, die in ihrer Farbenpracht ja wirklich kaum zu überbieten sind. Obwohl die Vase selbst recht farbig ist, entsteht ein harmonischer Eindruck. Vor allem wirken die größeren schwarzen Flächen zwischen den Motiven isolierend, so daß sich hier trotz erheblicher Unruhe ein ruhiger Pol für das Auge bildet.

Ausführung:

Der Hintergrund ist mit zwei Farben gleichzeitig gemalt. Zunächst habe ich ein Orange (Giroflée – Dupont)-Blau (Outremer – Dupont)-Gemisch aufgetragen und zwischendurch den dicken 30er-Pinsel in ein Blaugemisch, bestehend wiederum aus Outremer und Schwarz (Noir – Dupont), getaucht, ohne ihn vorher auszuspülen. So entsteht ein wolkiger, in der Farbgebung recht neutraler, aber nicht so langweiliger Hintergrund.

Material:
Pongé-Seide 8; Seidenmalfarben: diverse Rottöne, Gelb und Blau, Hintergrundfarben wie im Text erwähnt; Konturenfarbe: Seidicolor grau und schwarz; Konturenmaler; Pinsel: Nr. 30

Blumen-Dessins

Welche Entwürfe mit der schlichten und edlen Form dieser Blume entstehen können, zeige ich Ihnen im folgenden Kapitel.

Vielleicht haben auch Sie – wie ich zunächst – bei Calla eine langjährige Sperre zu überwinden: Ich kenne etliche Menschen, die eine Calla einfach zu steril empfinden. Eine weitere Schwierigkeit bei flächigen Blüten und Blättern – zudem noch bei weißen Blumen – besteht darin, Tiefe und Plastizität zu erzielen.

Ich beginne erst einmal mit der Calla als Bild in fast naturalistischer Malweise.

Calla-Blüten als Seidenbild

Ausführung:

Zuerst habe ich, nachdem die Seide plan auf die Glasplatte gespannt war, die Blüten und Blätter aufgezeichnet. Die Pflanze stand vor mir. Einfacher ist es aber, sie auf Papier zu bringen und den Entwurf zum Durchzeichnen unter die Seide zu legen. Der zweite Vorteil einer Skizze auf Papier ist natürlich die Wiederholbarkeit einzelner Elemente.

Damit die Konturen nicht so dominierend sind, habe ich graue Konturenfarbe von Seidicolor verwendet. Dann wurden die Felder mit vielen verschieden gemischten Farben ausgefüllt. Das wenige Weiß der Seide läßt doch erkennen, daß es sich um eine weiße Blume handelt. Die Schattierung entstand wie S. 23 beschrieben. Zuletzt wurde der Hintergrund farbig angelegt.

Calla mit Goldblatt

Auch hier ist die Blüte wieder recht naturalistisch gemalt. Im Gegensatz dazu sind aber die Blätter sehr klar in der Aufteilung und schattierungslos in verschiedenen grellen Grüntönen gemalt. Die Goldblätter schließlich sind pure Dekoration.

Um das Plakative dieses Bildes noch zu unterstreichen, habe ich leuchtendes Blau für den Hintergrund

verwendet. Auf diese Weise ist Dekoratives mit Natürlichem verbunden, ohne es als Bruch zu empfinden.

Material:
Crêpe de Chine; Seidenmalfarben: Avantgarde – Awiseta; alle anderen Materialien s. vorhergehendes Beispiel

Calla als Lampenschirm

So sieht es aus, wenn ein Lampenschirm mit bemalter Seide bespannt werden soll: Calla in leuchtendem Blau mit grell grünen Blättern ohne viel Schattierungen, einfach dekorativ. Es sieht wirklich sehr dekorativ aus und paßt wunderbar zu den Amphoren. Wenn Licht auf den Schirm fällt, leuchtet das Blau noch intensiver.

Material:
Crêpe de Chine; Lampenschirmfolie; Seidenmalfarben: Royal (blau) und Indigo (blau) von Awiseta, alle Grüntöne aus Türkis, Gelb und Orient (blaugrün) mit Schwarz gemischt; Konturenfarbe: Waco sun color; Konturenmaler; Pinsel: Jaxhair Nr. 5, 8, 12, 30

Calla als Bordüre

Die Spielerei mit einem Motiv stellt für mich eine besondere Herausforderung dar. Hier also die Calla – stilisiert – als bunte Bordüre.

Sie können unendliche Bänder so entwickeln oder ganze Stoffbahnen damit bemalen. Untereinandergesetzt oder einander zugewandt ergibt sich wieder ein ganz anderes Bild. Nur zwei solcher Bordüren auf eine Tasche oder ein Kissen genäht – und schon ergibt sich ein herrlicher Effekt!

Material:
Pongé-Seide 10; Seidenmalfarben: Haselnuß (braun), Smaragd (blaugrün), Schwarz, Gelb, Pink von Awiseta, Lavendel (lila) und Lichtblau von Avantgarde; Konturenfarbe: Waco sun color, Seidicolor schwarz; Konturenmaler; Pinsel: Jaxhair Nr. 4, 8, 16

Seerosenmotiv

Vorlage V

Seerosen finden Sie bei mir für Kragen in der Vorlagenmappe. Hier habe ich sie einmal stark stilisiert in ihren natürlichen Farben dargestellt.

Bettwäsche oder Badezimmervorhänge könnte ich mir sehr schön mit Seerosen bemalt vorstellen. Oder verwenden Sie einfach dieses Muster in ganz grellen Farben für Vorhänge. Wenn Sie darüber zarte Seidengaze hängen, schimmern die Farben ganz leicht hindurch oder leuchten etwas stärker, wenn die Blüte auf der Rundung einer Falte liegt.

Seidentücher

Aronstab auf Streifenjacquard

Ein Drachen-Aronstab, sehr frei nachempfunden, ist das Motiv für dieses Seidentuch. In der Natur hat die Pflanze einen sehr kurzen Stiel und dunkle, braunrote Blüten. Aber die künstlerische Freiheit erlaubt es auch hier, andere, dem Thema angemessene Ideen mit einzubringen.

Dieser Jacquard läßt sich sehr gut bemalen. Konturen sind trotz der unterschiedlichen Struktur der Seide absolut geschlossen. Durch den abwechselnd blanken und matten Streifen wirken die Farben besonders leuchtend und schimmernd. Auch Hintergründe lassen sich hier sehr gut streifenfrei malen.

Gute Trageeigenschaft, denn die Seide hat die fließende Eigenschaft des Jacquards mit anderer Festigkeit.

Material:
Streifenjacquard 90 x 90 cm; Seidenmalfarben: Dupont – Avantgarde – Awiseta; Konturenfarbe: Waco sun color rotgold und gold; Konturenmaler; Pinsel: Jaxhair Nr. 8, 12, 30

Lila Mohn auf Jacquard

Meine Lieblingsseide für ein Tuch ist Jacquard.

Allerdings ist diese Seide nicht ganz so einfach zu bemalen. Konturen lassen sich sehr gut zeichnen, aber schon der Bleistift verhakt sich auf der lockeren und unterschiedlichen Struktur des Musters. Mit ein wenig Geduld werden Sie allerdings für Ihre Mühe belohnt.

Ausführung:

Mit dem größten Pinsel habe ich ganz großzügig dicke Mohnblüten auf die Seide verteilt. Zuerst werden die Kapseln gemalt, damit anschließend das Grün nicht in die Farbe fließt. Zuletzt setzt man die Gräser und Staubgefäße auf die Seidenfläche; dann kann dampffixiert und gebügelt werden.

Die Tücher können Sie auch schon fertig rolliert kaufen.

Material:
Jacquardtuch 110 x 110 cm; Seidenmalfarben: Petrol (blaugrün), Lila von Avantgarde, Violett, Petunie (rotlila), Marine (blauschwarz), Gelb von Awiseta; Gold: wie beschrieben; Konturenfarbe: Waco sun color; Konturenmaler; Pinsel: Jaxhair Nr. 10 – 30

Medinilla auf Pongé

Material:
s. Mohn auf Jacquard

Inzwischen sind ja die herrlichsten Pflanzen aus aller Welt bei uns heimisch geworden. So steht hier bei mir im Atelier die zauberhafte Medinilla aus Java. Sie blüht unentwegt und wurde schon oft von mir gemalt.

Bei diesem Tuch habe ich mich nicht sonderlich um Authentizität bemüht. Ich habe Waco sun color silber für die Kontur ein wenig mit Wasser verdünnt, damit es rascher durch den Konturenmaler läuft. So waren Blüten, Blätter und Schmetterlinge schnell absolut geschlossen konturiert und mit dem 16er-Pinsel ebenso rasch ausgemalt.

Blumenbilder

Beeren im Herbstlaub

Auf dickem Rips sind diese Beeren entstanden. Das ist gar nicht so einfach, aber schon wieder sehr interessant – auch oder gerade weil ab und zu doch ein wenig Farbe unter der Kontur hindurchläuft. Ganz gleich wie sorgfältig Sie die Linien ziehen: es ist fast nicht zu vermeiden. Mit Vorzeichnung oder Schablone zu arbeiten ist auch nicht möglich, denn die Unterlagen sind durch den Stoff hindurch nicht sichtbar. Außer – und da kenne ich schon einige Leute – Sie arbeiten auf einer von unten beleuchteten Glasplatte. Da diese Seide zudem naturweiß ist, sind auch die Farben nicht so rein und leuchtend wie man es von anderer weißer Seide gewohnt ist.

Ich habe diese Beeren frei aufgezeichnet, konturiert und ausgemalt – ständig mit dem Papiertuch tupfbereit in der Hand. So können Sie getrost schon bevor die Farbe unter der Linie durchläuft den Farbüberschuß aufnehmen. Aber bei dieser Seide sehen auch ein paar Unregelmäßigkeiten gut aus. Niemand erkennt sie als solche und Sie müssen es ja auch nicht sofort sagen.

Material:
Ripsseide; Seidenmalfarben: Mangan (blau), Saphir (blau), Gelb, Mandarine (orange), Aubergine (rotlila) von Awiseta, Noir (schwarz) von Dupont; Konturenfarbe: Seidicolor schwarz; Konturenmaler; Pinsel: Jaxhair Nr. 8

Rosen und Kosmeen in einer Silberschale

Rosen so zu malen, daß sie zu duften scheinen, ist immer wieder eine Herausforderung für mich. Mit diesem Ziel habe ich bei dem vorliegenden Seidenbild zwei Techniken angewandt.

Ausführung:

Zuerst wurden sowohl Rosen wie Schale konturiert und ausgemalt. Dann folgten zarte Schattierungen zwischen den Rosen und an den Rändern der Kosmeen, die gelbe Mitte und die Hüllblätter der Blume, die man von der Unterseite sieht. Jetzt wurde das Bild zuerst einmal zwischenfixiert.

In einem nächsten Schritt war dann der Hintergrund zu malen. Er besteht aus einem Gemisch von Ocker und Blau (Outremer); dort, wo die Schale Schatten wirft, ist mehr Blau ins Ocker gemischt. Damit die Kosmeen weiß bleiben, aber nicht so scharf abgegrenzt aussehen, habe ich an denjenigen Stellen, wo im fertigen Bild die Blütenblätter stehen, mit völlig sauberem Wasser die Seide naß gemacht. Den Hintergrund an die zart gezeichnete Form der Kosmeen heranlaufen lassen; bei zu starkem Hineinlaufen der Farbe abtupfen. Wenn die gesamte Seide getrocknet ist, werden die Stellen, in die doch noch ein Teil der Hintergrundfarbe eingedrungen ist, mit Alkohol ausgewaschen. Das sieht sehr hübsch aus, weil sich dort dann ein dunkler Rand bildet.

Ganz zum Schluß mit ein klein wenig stark eingetrockneter Farbe an manchen Umrissen eine ganz feine Kontur ziehen und Gräser einmalen.

Dann habe ich die Schale noch mit echtem Silber belegt. Wenn Sie Javana-Konturenfarbe perlgrau nehmen und dem Kreul-Bronzepulver silber

beimischen, so haben Sie auch eine wunderschöne Silberfarbe für größere Flächen wie diese Schale.

Material:
Pongé-Seide 8; Seidenmalfarben: Blau (Outremer), verschiedene Rottöne, Ocker, Schwarz (Noir) von Dupont; Konturenfarbe: Seidicolor grau, Javana perlgrau plus Kreul-Bronzepulver silber; Konturenmaler; Pinsel: Jaxhair Nr. 3, 8, 24

Gladiolen in einer Vase mit Disteldekor

Hier ist eine Jugendstil-Glasvase mit Überfangglas in Rot mit Gladiolen gefüllt. Disteln hätten eventuell besser zu dem Dekor gepaßt, aber es gab gerade keine und so kamen Gladiolen in die Vase. Gladiolen, die nicht mehr ganz frisch sind und über den Rand hängen.- Der Hintergrund ist zweimal in Dunkelblau aufgetragen, die Gräser in Gold wurden zuletzt gemalt. Abschließend dampffixiert.

Material:
Pongé-Seide 8; Seidenmalfarben: Marine (schwarzblau), Orange von Avantgarde, Tomate, Kirsche, Himbeer (Rottöne) von Awiseta; Konturenfarbe: Seidicolor rot und grau, Javana-Konturenfarbe braun plus Kreul-Bronzepulver; Konturenmaler; Pinsel: Jaxhair Nr. 3, 8, 12

Stilisierte Strelitzia

»Nur einmal in Blau- und Grüntönen schwelgen« war der gedankliche Hintergrund bei diesem floralen Muster. Storchschnabel ist ja eine fast graphisch wirkende, zackige Blume. Auch die Blätter habe ich dann noch eckig, zackig gemalt und alles in grellen Tönen ausgefüllt. Hier und da noch ein paar Goldecken, und das hübsche, dekorative Bild ist fertig.

Die Konturen der geraden Striche habe ich mit dem Lineal gezogen: Es geht wunderbar.

Material:
Crêpe de Chine; Seidenmalfarben: Gelb, Türkis, verschiedene Blautöne, Schwarz, Aprikose, Zinnober (rot), Geranie (rot) von Avantgarde; Konturenfarbe: Waco sun color; Gold: Javana-Konturenfarbe perlrosa plus Kreul-Bronzepulver hellgold; Konturenmaler; Pinsel: Jaxhair Nr. 8, 10